LE
TRIBUNAL RÉVOLUTIONNAIRE

DE

LA LOZÈRE

En 1793

(D'après des Documents Inédits)

PAR

Edmond FALGAIROLLE, O

Substitut du Procureur de la République, à Nimes,
Membre de plusieurs Sociétés savantes

PARIS

Arthur ROUSSEAU, Éditeur

14, rue Soufflot, et rue Toullier, 13

1893

LE

TRIBUNAL RÉVOLUTIONNAIRE
DE LA LOZÈRE
(En 1793)

DU MÊME AUTEUR

De l'Enseignement du Droit chez les Romains, avant Justinien, discours prononcé à la séance solennelle de la conférence Portalis, in-8°, 1883. Aix, veuve Remondet-Aubin. (*Épuisé*).

La Mosaïque d'Admète, découverte à Nimes le 20 décembre 1883, avec gravure. in-8°, 1883. Tours, Paul Bousrez. (*Épuisé*).

Montcalm devant la postérité, étude historique, in-12, 1886, Paris, Challamel aîné. — Prix............... 3 fr. 50

Lettres inédites du chancelier d'Aguesseau et de son fils le Conseiller, touchant un projet de substitutions. Paris, Larose et Forcel, in-8°, 1887. — Prix........ 1 fr. »

De l'Éducation nationale, sujet traité à la réunion générale de la Bibliothèque de Vauvert, le 9 mars 1890. Largentière, Delhorme, in-8°, 1890. (*Épuisé*).

Notes et Souvenirs de Paris, Nimes, in-12, 1892, Henry Michel. (*Ne se vend pas*).

Un Envoûtement en Gévaudan, en l'an 1347, Nimes, Catélan, in-12, 1892. — Prix .... 2 fr. »

LE

TRIBUNAL RÉVOLUTIONNAIRE

DE

LA LOZÈRE

En 1793

(D'après des Documents inédits)

PAR

Edmond FALGAIROLLE, ✪

Substitut du Procureur de la République, à Nimes,
Membre de plusieurs Sociétés savantes

PARIS
—
Arthur ROUSSEAU, Editeur
14, rue Soufflot, et rue Toullier, 13

1893

A

Monsieur Emile JAMAIS

Député du Gard

Ancien Sous-Secrétaire d'Etat aux Colonies

Je dédie ce travail comme un faible gage de notre
amitié et un témoignage de ma vive reconnaissance.

Edmond Falgairolle.

Nimes, le 30 Juin 1893.

Les évènements de la période révolutionnaire, en Lozère, sont jusqu'à présent peu connus. Aucune histoire les relatant n'a été écrite. C'est donc une grande lacune à combler. Sans avoir, cependant, la prétention de devenir l'historien de la Révolution en Lozère, nous avons pensé que la publication des faits se rattachant à cette période suivie de celle des jugements rendus, en 1793, par le tribunal révolutionnaire de Mende, était de nature à présenter quelque intérêt aux Lozériens en particulier, et à tous ceux qui se passionnent pour les questions historiques et surtout pour l'histoire nationale.

N'est-ce pas intéresser le lecteur que de reproduire les évènements qui apportèrent dans notre état social des modifications variées et profondes; de leur faire connaître les phases de cette grande commotion politique qui bouleversa la France, l'Europe et le monde entier; de retracer la vie de nos glorieux ancêtres; de signaler leur courageuse initiative, leurs aspirations, leur dévouement, leur fidélité, leurs faiblesses, leurs vertus, leurs fautes et même leurs crimes.

Un tel sujet provoquera peut-être la critique, mais quelque délicat qu'il puisse être, nous n'avons pas craint de le traiter, nous astreignant seulement à la vérité historique. Il n'appartient pas, en effet, à l'historien, quel qu'il soit, de dénaturer les faits, de les fausser, de les augmenter, de les diminuer. L'impartialité doit présider à son récit, et il n'a pas à s'inquiéter des critiques des uns, des encouragements, des flatteries des autres. La

vérité, rien que la vérité, doit sortir de sa plume. L'histoire n'est pas un récit de complaisance, elle est et restera
toujours la leçon du passé devant laquelle nous devons,
tous, nous incliner.

Nous nous déclarerons, nous-même, heureux et satisfait
si notre modeste travail, aussi impartial que sincère, reçoit
l'approbation de ceux qui ont le culte du passé, de ceux
aussi qui ne se laissent pas aveugler par la passion politique, voire même par le fanatisme, et qui savent accepter
la répression lorsqu'elle est proportionnée au crime
commis.

LE
TRIBUNAL RÉVOLUTIONNAIRE
DE LA LOZÈRE
(En 1793)

Les troubles contre-révolutionnaires en Lozère
en 1793 [1]

Le 6 mai 1889, la France célébrait avec pompe et éclat
le centenaire de l'ouverture des États généraux. Le
22 septembre 1892, le parti républicain, tout entier, confiant dans ses destinées, faisait revivre avec enthousiasme
le souvenir glorieux de la République et se réjouissait du
régime qui assure désormais à notre pays la tranquillité,
la prospérité et le bonheur.

L'année 1893, elle aussi, a ses centenaires, tous célèbres,
tous retentissants, mais peut-être plus poignants, plus

---

[1] Pour de plus amples détails, voir l'ouvrage très complet et spé-
cial aux troubles de l'Ardèche et de la Lozère, de M. Ernest Dau-
det, *Histoire des conspirations royalistes du Midi*. Voir également les documents manuscrits et imprimés qui se trouvent aux
archives départementales de la Lozère et les procédures révolutionnaires, classées aux archives du greffe du tribunal de première instance de Mende.

douloureux que les précédents. Qu'il suffise de citer la mort de Louis XVI, la lutte des Girondins et des Jacobins, la création du tribunal révolutionnaire, la mort de Marat, l'exécution de Charlotte Corday (1) et de Chalier (2), le règne des Hébertistes, la mort des Girondins, le fanatisme vendéen, la réaction catholique et royaliste, le calendrier républicain, la fête de la Raison et la Terreur, pour marquer les préludes de la réaction thermidorienne qui éclata en 1794.

Avant de faire connaître les jugements rendus par le tribunal criminel de Mende, siégeant comme tribunal révolutionnaire, il est nécessaire et même indispensable d'esquisser à grands traits cependant les évènements ; d'indiquer les faits qui motivèrent l'intervention et les sévérités de la justice, dans le département de la Lozère, alors en révolte contre le gouvernement légal du pays.

La France, cernée par terre et par mer, déchirée par la guerre civile, épuisée par la famine, sans commerce régulier, sans crédit, ayant pour toute ressource des chiffons de papier, sans finances, était, en 1793, menacée par les étrangers et d'une contre-révolution par les émigrés qui se rapprochaient de plus en plus de ses frontières déjà paralysées, et s'assemblaient soit à Jersey, soit en Suisse, d'où ils entretenaient de fréquentes correspondances avec les départements soulevés contre Paris. L'armée découragée, sans vivres, sans vêtements, sans chefs, fit tout à coup preuve d'un dévouement admirable, d'une fureur bel-

---

(1) Charlotte Corday d'Armont, née le 27 juillet 1768, monta sur l'échafaud, le 17 juillet 1793, après avoir tué Marat.

(2) Chalier, né en 1747, périt sur l'échafaud le 16 juillet 1793. Il fut tour à tour, prêtre, voyageur, négociant, tragique, président du club révolutionnaire, fanatique et orateur populaire.

liqueuse, peut-être unique dans notre histoire nationale, qui
amenèrent aussitôt des prodiges de valeur, décisifs pour
le salut de la Révolution qui, après avoir ébranlé, jusque
dans ses fondements, l'Europe entière, parvenait enfin à
la vaincre définitivement. Aussi peut-on dire sans crainte
d'être démenti, que le gouvernement fut, à cette époque,
à la hauteur du danger, et qu'il sut par sa fermeté inébran-
lable et par son patriotisme, déjouer tous les complots,
détruire tous les obstacles, conjurer tous les malheurs qui
menaçaient la Révolution.

En refusant de reconnaitre le catholicisme comme religion d'État ; en abolissant les vœux monastiques ; en supprimant certains ordres, certaines congrégations très
prospères ; en modifiant, après la division des départements, la circonscription ecclésiastique et civile, et en dé-
cidant que les électeurs nommeraient à l'avenir leurs
Evêques, l'Assemblée Constituante avait considérablement affaibli l'influence, chaque jour plus grande, du clergé et surtout du clergé des départements.

Les idées révolutionnaires ne trouvèrent pas grand crédit parmi les habitants de la Lozère, qui, comme leurs
voisins de l'Ardèche, toujours attachés à l'état des choses
disparu, restaient encore dans la routine, très méfiants
des nouveautés et désireux de lutter contre le nouveau
régime. La période révolutionnaire les trouva toujours en
armes, prêts à suivre les chefs qui se présentèrent à eux.

Au moment même où des rassemblements séditieux
se produisaient, en 1792, dans l'Ardèche, où la réaction royaliste, dirigée par de Saillans (1) et Claude

_____

(1) De Saillans, né dans le Vivarais, appartenait à la noblesse
de ce pays. Lieutenant-colonel des chasseurs du Roussillon

Allier (1) nécessitaient l'incendie des châteaux de Jalès (2) et de Bannes (3) des troubles contre-révolutionnaires éclataient à Mende à l'occasion d'un conflit survenu entre la garde nationale et les soldats du 27ᵐᵉ régiment de Lyonnais, envoyés dans cette ville par la Convention pour y maintenir l'ordre et y faire respecter l'autorité et la loi. Des maisons furent saccagées et pillées par les mécontents et les fauteurs de désordres, excités d'ailleurs par l'évêque réfractaire de Castelanne (4) retiré à Chanac, et par Charrier (5), qui commandaient aux insurgés royalistes recrutés, depuis

émigré et décrété d'accusation, il fut commandant en second de l'expédition du camp de Jalès et trouva la mort au château de ce nom.

(1) Claude Allier, curé de Chambonas (aujourd'hui dans le canton des Vans, Ardèche) fut un des organisateurs de la conspiration de Saillans. Intelligent et fanatique à l'excès, il fut mis en accusation après les troubles du Vivarais et de la Lozère, par un décret de l'Assemblée législative et de la Convention, et fut condamné à mort, le 5 septembre 1793, par le tribunal criminel du département de la Lozère. Son exécution eut lieu à Mende, les autorités de cette ville ayant refusé de l'envoyer à Privas où l'administration départementale le réclamait.

(2) Jalès ou Jalez, bourg de l'arrondissement de Largentière (Ardèche), était situé dans la commune de Berrias, célèbre par son camp et son château. Voir le poème aussi curieux qu'intéressant : la Jhalésade, poème révolutionnaire en vers patois, publié par Fernand Rouvière, homme de lettres, à Nimes.

(3) Bannes, situé dans le canton des Vans (Ardèche), possédait un château qui était pour les royalistes une véritable place de guerre.

(4) De Castelanne Jean-Arnald, consacré le 14 février 1768, mort le 9 septembre 1792. — 67ᵐᵉ évêque de Mende.

(5) Charrier Marc-Antoine, avocat, notaire royal, né à Nasbinals (Lozère), le 25 juillet 1755, lieutenant du juge du Roi, député du tiers-état aux États généraux de 1789, chef de la conspiration royaliste en Lozère; il fut traduit devant le tribunal criminel de l'Aveyron, condamné à mort, le 16 août 1793, et exécuté, à Rodez, le 17 août.

plusieurs mois, parmi les déserteurs de l'armée régulière
et les prêtres réfractaires de la Lozère et des départements
voisins. Les uns et les autres s'étaient réfugiés en Lozère,
où la solitude du pays, le défaut des voies de communica-
tion dans certaines parties du département, la complicité
des autorités, l'ardeur des habitants, les mettaient à l'abri
des recherches et des dénonciations des patriotes et des
représentants de la Révolution. Émissaires royaux, agitateurs ardents et redoutables, ils parcouraient les communes, les hameaux et apportaient aux paysans des armes,
de l'argent et des conseils. Tout ce parti de révoltés voulait lutter, détruire et gouverner. Il se ramifiait aux
comités royalistes de Jalès, d'Arles, de Perpignan et cor-
respondait directement avec Coblentz et la Vendée.

L'assemblée nationale décréta d'accusation, le 28 mars
1792, l'évêque de Castellane et les principaux chefs de la
garde nationale de Mende, et pour faire pièce aux autorités
de cette ville, soupçonnées de royalisme, elle transféra
provisoirement à Marvéjols, le siège de l'administration
du département. Les chefs de cette conspiration quittèrent
Mende aussitôt et se dirigèrent vers la frontière de l'Est.
L'évêque de Castellane avait pris la fuite comme les autres
mais il fut arrêté avant de pénétrer en Allemagne. Incar-
céré d'abord à Orléans, ensuite à Versailles, il fut tué sur
les marches de l'Orangerie.

Charrier ne fut pas inquiété à ce moment, mais sur les
rapports et les dénonciations qui lui parvinrent, l'assemblée, mieux instruite du rôle qu'il venait de jouer dans
cette première conspiration contre-révolutionnaire, ordonna, par décret en date du 12 avril 1792, des poursuites
contre lui. Malgré les perquisitions et les recherches,
Charrier fut introuvable. Tranquillement installé à Nasbi-

nals, sur les plateaux de l'Aubrac (1) il n'en continua pas moins à se préparer et à préparer les royalistes à la lutte.

L'insurrection contre-révolutionnaire, conjurée en 1792, reprit de plus belle, en 1793, après la mort de Louis XVI et le soulèvement de la Vendée. Les royalistes, déjà vaincus, ne paraissaient pas anéantis et se déclaraient de nouveau prêts à recommencer la guerre civile ; le théâtre de la résistance devait être désormais la Lozère où se concentrèrent toutes les forces vives d'un parti encouragé par les princes et par les émigrés. A Charrier, *l'infâme* et *le traître* (2), s'étaient joints Claude Allier et Dominique (3), son frère, aussi tenaces et ardents que lui. Avec de pareils chefs, l'armée royaliste allait s'emparer de la Lozère et tenir en échec, pendant quelques jours, les patriotes, les garnisons, les autorités communales, l'administration départementale. Les paysans lozériens, séduits par les espérances que leur faisaient concevoir les meneurs royalistes, désireux de voir rétablir la monarchie, le pouvoir des prêtres réfractaires, le culte religieux d'autrefois, obéissaient à la voix de la révolte et se décidaient à jouer la dernière partie qui devait être funeste à Charrier et à ses complices.

---

(1) Les monts volcaniques d'Aubrac sont reliés par de grands plateaux aux montagnes granitiques de la Margeride. Le principal sommet des monts d'Aubrac est le signal de *Mailhebiau* (1471 mètres).

(2) On désigne Charrier dans tous les actes et pièces officielles de cette époque sous les noms de : *l'infâme, le traître, le scélérat, le commandant de l'armée chrétienne du midi et de Louis XVII*.

(3) Dominique Allier, frère du précédent Claude Allier, d'abord contrebandier, puis émissaire du parti royaliste auprès des princes à Coblentz, fut un des chefs du camp de Jalès. Il parvint à se soustraire aux poursuites dont il était l'objet et à quitter la France. Après quelques tentatives de conspirations restées sans effet, il fut pris et exécuté en novembre 1798.

En février 1793, la Convention nationale décréta la levée de 3oo.ooo hommes, sur le territoire de la République, et fixa le contingent, pour la Lozère, à 2.082 hommes. A son tour le directoire du district de Mende fit connaître le contingent que devait fournir chaque canton du département (1). Les officiers municipaux du canton de Rieutord (2) ayant refusé de se conformer à l'arrêté pris par le conseil général de l'administration du département, en vue de l'exécution du décret de la Convention, le directoire du district de Mende nomma, le 7 mars 1793, des commissaires spéciaux pour les remplacer et pour surveiller, requérir et accélérer la formation du contingent départemental. Le commissaire Oudin, accompagné de Valentin Louis, son secrétaire, se rendit à Rieutord, le 12 mars 1793. Le Procureur de la commune, Hyacinthe Antoine, promit de convoquer les conseillers de la commune qui refusèrent tous de prêter le serment prescrit; l'un d'eux déclara même *qu'il aimerait mieux être haché en mille morceaux que de prêter serment*. Le Procureur refusa alors de dresser une liste des citoyens de la commune et le commissaire fut contraint de retourner à Mende (3).

---

(1) Contingent du canton de Rieutord :

Rieutord	32 hommes.
Badaroux	10 h.
Chastelnouvel	12 h.
Estables de Randon	9 h.
La Champ	18 h.
La Villedieu	3 h.
Le Born	10 h.
Servières	13 h.

(2) Rieutord, 1.558 h., canton de St-Amans.

(3) Un rassemblement de 300 jeunes gens se forma, le 13 mars, à Rieutord, dans le pré appelé du Clergues. Cette troupe parcourut toutes les communes du canton, ainsi que cela résulte des déclarations des procureurs et maires des communes, faites du 3 au 6 avril 1793, devant Servières et Gleizal, commissaires de la Convention nationale pour les départements de la Lozère et de l'Ardèche.

Le 14 mars, les commissaires allèrent à Estables de Randon (1) où le procureur de la commune Trauchessee parvint, après des efforts inouïs à convoquer les officiers municipaux : Grenier, Michel Allo, Pouguet, qui déclarèrent vouloir obéir au vœu de la loi ; les autres refusèrent. Le lendemain, à la vue des commissaires, on sonna le tocsin. Les citoyens : Grenier, premier officier municipal ; Trauchessee, procureur ; Michel Allo, officier municipal ; les citoyens Pouguet, Julien, Valentin et Brunelet, également officiers municipaux, refusèrent de se rendre. Le maire Crueize, invité à prêter le serment et à se soumettre à la loi, refusa catégoriquement. Le procureur et les autres officiers municipaux qui avaient prêté serment la veille, effrayés par les menaces de leurs concitoyens, refusèrent de désigner des officiers municipaux et déclarèrent qu'ils regrettaient leur serment. Aussitôt des groupes nombreux se formèrent autour des commissaires qui, pris de peur s'enfuirent. La foule les suivit et deux coups de fusils furent tirés. En quittant cette commune ils apprirent qu'un rassemblement, composé de la jeunesse et de la population des municipalités du canton, venait de se former à Rieutord, et que 600 (2) hommes, décidés à résister aux autorités départementales, s'y trouvaient déjà réunis. Des exprès et de l'argent étaient envoyés dans les municipalités de la montagne chez lesquelles le chauvinisme ne devait pas tarder à se manifester. Des paysans tenaient des propos injurieux pour la Convention et disaient à haute voix : « *Nous aimons mieux mourir dans nos chaumières que d'aller nous faire égorger à l'armée, et puisque la*

(1) Estables de Randon, 621 h., commune de St-Amans, au pied d'un des plus hauts sommets de la Margeride, 1554 mètres.

(2) Aux 300 jeunes gens s'étaient joints d'autres révoltés.

*nation et la Convention nationale a fait mourir le roi et
par conséquent irrité les puissances voisines contre nous,
qu'ils se tirent eux-mêmes d'affaires, ajoutant qu'iis
entendaient n'y être pour rien, que plut à Dieu que les
émigrants gagnassent Rieutord, qui soupirait après
leur retour et après la tranquillité, et qu'on leur rendit
leurs privilèges.* »

Dans la commune du Born (1) le citoyen Barbut, maire,
déclare que la municipalité n'avait jamais cessé de donner
des marques de patriotisme et d'amour pour la liberté et
l'égalité. Néanmoins le registre de conscription ne contient
qu'un seul nom.

A Badaroux (2) tous les membres de la municipalité se
rendirent auprès des commissaires. Brunel fut désigné
comme commissaire officier municipal devant l'arbre de la
liberté et prêta le serment suivant à la loi : *Je jure d'être
fidèle à la République, de maintenir la liberté et l'égalité
ou de mourir à mon poste en la défendant.* Ses officiers
municipaux promirent ensuite de former le contingent de
la commune.

La résistance de la municipalité de Rieutord, le départ
précipité et forcé des commissaires qui y avaient été
envoyés émurent considérablement le directoire du département, qui décida, le 16 mars, d'envoyer de nouveau des
commissaires et de faire, dans les communes de ce canton
rebelle, acte d'autorité. A cet effet, le 18 mars suivant,
150 hommes de gardes nationales ou volontaires et cinq
brigades de gendarmerie escortant les commissaires, se

---

(1) Born (le) 423 h. Commune de Mende.

(2) Badaroux, 664 habitants, commune de Mende, sur une montagne de 785 mètres dominant les gorges du Lot.

dirigèrent sur Rieutord. Arrivés au village de la Roche-
belot, une escorte fut chargée d'aller à Rieutord trouver
le citoyen Seguin, maire, et Hyacinthe Antoine, procureur,
ceux-ci n'obtempérèrent pas aux injonctions des commissaires. Le maire fut prévenu du logement de la troupe,
mais il refusa d'entrer dans des pourparlers. Les auberges
étaient dépourvues de vivres et de provisions et la troupe
manquait de pain.

Un piquet de cinquante hommes prit possession du village, on leur distribua des cartouches ; défense fut faite aux
habitants de sortir de leur habitation après huit heures du
soir et ordre fut donné d'apporter, sur la place, les armes
de toute sorte dont ils étaient détenteurs. Les commissaires sont informés que des jeunes gens avinés et armés de
bâtons parcourent les communes voisines, excitant les
habitants à la révolte et leur enjoignant de refuser la conscription. A St-Amans (1), à St-Alban (2), à Serverettes (3),
des jeunes gens armés de pistolets et de batons, empêchent
le recrutement et menacent d'incendier les maisons.

Le 19 mars, les commissaires demandent au district
de Mende des renforts. Le maire et les officiers municipaux, escortés par les gendarmes, arrivent enfin et prêtent
aussitôt le serment prescrit par la loi, ils manifestent leurs
regrets et leurs lenteurs. Hyacinthe Roux, de Rieutord, et
douze de ses camarades se font inscrire sur le registre du
recrutement.

---

(1) St-Amans, 394 h., chef-lieu de canton de l'arrondissement de
Mende.

(2) St-Alban, 2.370 h., commune de Serverettes.

(3) Serverettes, 871 h., chef-lieu de canton de l'arrondissement
de Marvéjols, au confluent de la Truyère et du Mezère, 976 mètres
d'altitude.

Le 20 mars, des patrouilles sont organisées et tous les habitants désarmés. Une grande réunion a lieu au cimetière. Le maire et les officiers municipaux qui y assistent, écoutent la lecture du décret sur le contingent qui fixe à 32 hommes pour Rieutord le recrutement militaire. Un citoyen de la jeunesse propose le tirage au sort. Cette proposition est acclamée par tous les assistants. Les 32 citoyens désignés par le sort, sont immédiatement inscrits sur le procès-verbal qui est dressé.

La résistance des conscrits à la loi du recrutement, la défection des municipalités, l'annonce d'une nouvelle conspiration royaliste, organisée par Charrier, exaspérèrent le directoire du district du département et les commissaires envoyés par la Convention. Le 10 avril, une délibération fut prise à Mende, par le district, afin d'arrêter le mouvement insurrectionnel dirigé dans les campagnes par les prêtres réfractaires et fanatiques. Il fut alors arrêté : « *Que toutes les personnes notoirement suspectes d'incivisme seraient connues ; que tous les ci-devant nobles, pères, mères, femmes, enfants, frères, sœurs des émigrés, se rendraient au chef-lieu du département pour y résider et y rester en ôtages et signeraient tous les jours, sur un registre pour constater leur présence ; que l'on déclarerait suspects tous les particuliers qui auraient recelé des prêtres sujets à la déportation ; que tous les particuliers devraient remettre les armes qu'ils possédaient au directoire du district.* »

Le 11 avril, les têtes de Charrier et de Claude Allier furent mises à prix par Gleizal, commissaire de la Convention. Le 18 suivant, on créa la garde nationale d'élite, composée des patriotes de 16 à 50 ans, excepté les nobles et les prêtres réfractaires.

2

Toutes ces mesures de sûreté, coercitives et vexatoires pour les royalistes, fournirent à Charrier et à ses amis l'occasion qu'ils attendaient pour recommencer la lutte. Le 24 mai, en effet, après des conciliabules nombreux avec certaines municipalités favorables à la cause monarchique, et l'échec subi par la gendarmerie de Marvéjols, dans la répression des troubles de St-Léger (1), occasionnés par deux prêtres réfractaires lors du recrutement militaire, le château de Combe-Jouve fut pillé par les bandes de Charrier, qui résolurent de se rendre à Rieutord.

Roubernard, commandant de la garde nationale de Marvéjols, envoya dans la petite ville du Malzieu (2), un détachement de cent hommes pour y rétablir l'ordre. A ce détachement se joignirent d'autres détachements de Mende, de Florac et de la gendarmerie nationale sous les ordres du citoyen Sommer. Un rassemblement de déserteurs s'étant formé à Rieutord et menaçant de soulever la contrée, ces détachements y accoururent aussitôt. Charrier réunit, le 25 mai, ses fidèles au Mas de la Grange grande, près Nasbinals (3). Tous les habitants des communes environnantes, avertis depuis plusieurs jours, s'y rendirent. Armés de fusils et de piques, des bandes de jeunes gens avaient préparé les populations à la nouvelle insurrection, semant de fausses nouvelles, obligeant les paysans à les suivre, faisant connaître à tous la proclamation de Charrier, enjoignant au nom du roi et du régent, aux habitants des montagnes, de se réunir à l'armée chré-

---

(1) St-Léger du Malzieu, 642 h., commune du Malzieu-ville.

(2) Le Malzieu, au confluent de la Truyère avec le Galastre, petite ville située à 44 kilomètres de Marvéjols, 1.088 h.

(3) Nasbinals, 1.255 h., chef-lieu de canton de l'arrondissement de Marvéjols.

tienne, à la plaine d'Autrenas (1) sous peine de confiscation de leurs biens, de rebellion envers le roi et de châti-
ments corporels.

Les patriotes, ayant à leur tête les commissaires Dallo
et Pin, dès leur arrivée à Rieutord, furent logés chez
l'habitant. Les chefs de la troupe et les commissaires
passèrent la nuit chez le citoyen Fournier, chirurgien de
la commune. Vers une heure du matin, un bruit effroya-
ble se fit entendre, tous les patriotes se réveillèrent en
sursaut et perçurent les cris de : « *Vive le Roy*, » des hur-
lements, des clameurs de toute sorte; plusieurs d'entre
eux ayant ouvert les portes des maisons où ils se trouvaient
virent des gens armés de fusils, de faux et autres instru-
ments. Chez le chirurgien Fournier, l'étonnement fut
grand et le trouble apporté par cette arrivée inopinée,
resta profond. Un patriote ayant voulu mettre la tête
à la fenêtre, fut tué par Charrier en personne qui, pénétrant aussitôt dans la maison, l'invita à se rendre, ainsi
que tous ses compagnons auxquels il conseilla de déposer
leurs armes, leur déclarant : « *Que les Espagnols étaient
à Toulouse, qu'il allait les joindre et qu'au surplus il
se tenait bientôt par la main avec la Vendée, ajoutant
que quarante à cinquante départements étaient en insurrection.* » Chez le nommé Bonnet, cabaretier, Alméras
Jacques, hôtelier et lieutenant de la compagnie des grenadiers de Marvéjols, fut pris et admonesté par Charrier
en ces termes : « *Bougre, c'est toi qui voulais me pendre
et porter ma tête à Marvéjols, je te tiens à présent, il
me tardait beaucoup de te voir, je te la ferai danser.* »
Et mettant la menace à exécution, il le traîna par les
cheveux et lui donna plusieurs soufflets à différentes

_____

(1) Autrenas, 465 h., commune de Marvéjols.

reprises. Les gens de la troupe de Charrier, imitant son
exemple, maltraitèrent Alméras à coups de crosse et de
fusils ; ils lui enlevèrent ensuite sa montre et tout ce qu'il
portait sur lui. Alméras, afin d'échapper à la fureur de
ces brigands, sauta dans la maison et pénétrant dans la
cuisine, il essaya alors, mais vainement, de fuir. Repris
par ses bourreaux, il fut frappé de nouveau, traîné dans
les escaliers de la chambre où gisait le corps de l'un de ses
grenadiers.

Plusieurs patriotes furent tués ou blessés. Le commissaire Pin fut retrouvé parmi les blessés ; quant au commissaire Dallo, on le laissa pour mort dans la maison
de Fournier qu'il avait vaillamment défendue (1). La garde
nationale restait prisonnière de cette troupe de révoltés,
renforcée par les agitateurs de Rieutord. Anisard Brassac,
négociant et capitaine des grenadiers de la garde nationale
de Marvéjols, qui couchait dans une maison voisine de
celle de Fournier, fut fouillé par les gens de Charrier; on
lui prit sa montre en or et son portefeuille contenant 500
livres d'assignats. Charrier ordonna de le lier avec des
cordes et aussitôt les brigands lui arrachèrent ses épaulettes,
le traitèrent de polisson et le frappèrent.

Charrier avait avec lui comme état-major : Laporte fils
aîné, commandant; son frère, prieur de Malbauzon (2),
Claude Allier ; Villaret dit Serralier, faisant fonctions de
capitaine; l'abbé Avit, de Nasbinals; le frère de ce dernier;
Fournier Jean, prieur de Nasbinals ; Valette père et fils,

(1) Valette de Grammont, de la commune de Recoules, frère
utérin de Charrier, contraint de suivre Charrier à Rieutord,
demanda à celui-ci la grâce de Dallo.

(1) Malbauzon, 243 h., commune de Nasbinals.

de Nasbinals ; Pierre Magne ; François Dalbadot ; Valette, maire de Grammont, commandant la garde nationale de Recoules ; Jean-Pierre Fontanieu ; Vincens de Charbonnier.

Un des exaltés parmi ses fidèles était à coup sûr le nommé Fontanieu (1) qui s'emparant du cheval du citoyen Bernard, sur lequel il monta, harangua les prisonniers et la population de Rieutord : « *Vous voici donc, grands patriotes*, dit-il, *vous avez beau faire et beau dire, vous voilà donc prisonniers et enfin vous la danserez.* » Gazanches, sous-lieutenant dans le second bataillon de la Montagne, qui se trouvait parmi les prisonniers de Charrier, rapporte qu'il entendit Fontanieu disant encore : « *Coquins de patriotes, renards, mangeurs de poules, vous avez voulu la tête de Charrier, cette fois il aura les vôtres.* » Il ajoute qu'il a vu ce prisonnier volant les montres des prisonniers.

Les patriotes eurent les mains liées derrière le dos, et privés, pour la plupart, de leurs chapeaux, de leurs chaussures et de leurs vêtements, ils se mirent en marche vers Marvéjols, ayant à leur tête le général de l'armée chrétienne du Midi. En quittant Rieutord, une troupe de femmes ameutées, insultaient au malheur des prisonniers et criaient à haute voix : « *Laissez-nous ces coquins de patriotes, nous achèverons de les tuer.* »

Les soldats de Charrier poussaient fréquemment les cris de : « *Vive Charrier, vive le Roy, au diable les patriotes.* » L'un de ceux-ci ayant fait valoir à Charrier l'impossibilité

---

(1) Fontanieu, dit Arpagon, de Nasbinals, fut chargé par Charrier de déshabiller Besson, patriote tué à Rieutord et de prendre son habit.

dans laquelle il se trouvait de marcher, à cause des souf-
frances que lui faisait ressentir sa maladie de l'asthme, dut
se contenir et souffrir sous peine de mort.

Les paysans qui habitaient les hameaux et les fermes
traversées par la troupe de Charrier, venaient augmenter
le contingent des insurgés. Rien ne résistait à la fureur
de ces vainqueurs ; les maisons étaient pillées, les arbres
de la liberté coupés, les patriotes menacés.

Crespin, chef de la municipalité de Marvéjols, ayant
appris la marche de Charrier vers cette ville, fit sortir
quelques grenadiers pour délivrer les prisonniers. Charrier menaça aussitôt les prisonniers de les égorger si Marvéjols résistait. Le citoyen Aimé Muret fut chargé d'apporter au maire de Marvéjols, les doléances des prisonniers
et les menaces de Charrier. Après quelques propositions
refusées par ce dernier, la ville ne fit aucune résistance.
Charrier reçut les autorités à quelques centaines de mètres
de Marvéjols, et entouré de ses aides de camp Gaide et
Bastide, à la tête de ses deux mille hommes, il y pénétra
le 26 mai 1793, à la tombée de la nuit. Les royalistes
campèrent avec les prisonniers sur la place publique, et
se répandirent dans la ville où, pendant toute la nuit, ils
causèrent une vive agitation et inspirèrent à la population
des craintes de toute sorte.

La salle dans laquelle la société populaire tenait d'ordinaire ses séances fut complètement dévastée par la troupe
de Charrier. On la répara plus tard avec les offrandes
publiques. Les maisons particulières furent pillées et fouillées ; toutes les armes trouvées en la possession des habitants apportées au camp. Plusieurs attroupés des bandes
de Charrier, plus ou moins avinées, tirèrent quelques
coups de fusils à des patriotes qui fuyaient. La plupart

burent et mangèrent sans payer chez les citoyens Alméras et Jiscart, aubergistes ; d'autres donnèrent à l'aubergiste Mercadier la somme de trente *sols* pour prix de leur nourriture et de leur coucher. Le prieur Delpuech avait procuré des subsides à certains royalistes.

Marvéjols se ressentit quelque peu de la présence des troupes de Charrier qui commirent des méfaits et s'abandonnèrent aux actes de cruauté les plus regrettables.

Le 27 mai, au matin, sur l'esplanade de la ville, Claude Allier dit la messe sur un autel improvisé à la hâte et profita de cette circonstance pour parler à la troupe de Charrier de ses devoirs, de sa victoire, de ses espérances, de l'avenir de la royauté et de la sainte cause pour laquelle elle luttait avec tant d'ardeur et de patriotisme.

La mise en campagne de Charrier, les troubles de Rieutord, la prise de Marvéjols, furent bien vite connus des populations du département. Les premiers lauriers, remportés par son armée, flattaient l'amour-propre des royalistes lozériens et rassuraient les hésitants qui, poussés par les prêtres réfractaires, toujours en lutte contre les patriotes, allaient au-devant du nouveau général de l'armée chrétienne du Midi. Le toscin sonnait dans toutes les paroisses, l'épouvante se répandait dans les campagnes et, suivant que les habitants étaient royalistes ou patriotes, l'espérance ou le découragement surgissait tour à tour.

De tous côtés on voulait accourir auprès de Charrier, vainqueur des autorités départementales, se joindre à lui, obéir à ses ordres et assister à son entrée triomphale dans la ville de Mende qu'il ne devait pas tarder à atteindre.

Le 27 mai, à cinq heures du matin, une bande de royalistes, armés de fusils, venant de la route de Millau, fit irruption dans la petite ville de Chanac où elle jeta la terreur et commit toute sorte de vexations et de dégâts. Le procès-verbal des officiers municipaux qui relate les faits auxquels l'arrivée de ces gens armés donna lieu, est si curieux que nous sommes heureux de le faire connaître dans sa teneur, d'autant plus que son authenticité et sa nouveauté ne peuvent être contestées (1).

Procès-verbal des officiers municipaux de Chanac
(4 juin 1793 [2]*)*

« L'an mil sept cent quatre-vingt-treize, le second de la République française, et le quatrième jour du mois de juin, nous, Jean Barbut, maire de Chanac, ayant reçut le vingt-sept may dernier sur l'heure de une du matin une lettre à

---

(1) Ce document se trouve aux archives du greffe du tribunal de première instance, que nous avons consultées avec un certain profit pour la rédaction de ces événements.

(2) Chef-lieu de canton important de l'arrondissement de Marvéjols, sur le Lot, à 611 mètres d'altitude, possédait à cette époque un château qui était la résidence d'été des évêques de Monde. La tour seule du château subsiste aujourd'hui.

nous envoyée par les citoyens Dumas et Valette, administrateur et commissaire du département, et le citoyen Alla,
administrateur du directoire du district de la ville de
Marvéjols par deux hommes du lieu de Barjac, avec un
paquet pour faire passer à la municipalité de la Canourgue
et de suite ayant été heurter à la porte des officiers municipaux et du procureur de la commune, ainsi qu'à celle
des citoyens Malafosse, administrateur public, Baptiste
Bertrand et Jean Bonnefoux, administrateur du conseil du
district de Mende et de Léger Augade, officiers de police
et faisant les fonctions du juge de paix pour nous donner
connaissance de la ditte lettre et les uns et les autres
s'étant levés et assemblés, après avoir pris lecture, il fut
délibéré d'envoyer sur le champ ledit paquet adressé à la
municipalité de La Canourgue (1) par un exprès assuré et cella
étant fait nous Jean Barbut, ayant fait battre la caisse pour
avertir tous les citoyens de se rassembler à la place publique pour leur donner connaissance et faire lecture de la
ditte lettre et un nombre de citoyens s'étant rendus nous
leur en fîmes lecture après quoy (2) nous les requîmes de
partir pour se rendre à la ville de Mende pour lui donner
du secour et ayder à repousser les rebelles de la montagne qui s'étaient emparés de la ville de Marvéjols et de-
voient se porter le lendemain sur la ville de Mende.

« Et de suite nous, officiers municipaux avec lesdits Malafosse, Bertrand et Bonnefoux étant descendus dans la maison du citoyen Jean Barbut, maire, accompagnés d'une
rentaine de citoyens qui voulaient se faire inscrire dans

---

(1) La Canourgue, 2.015 h., chef-lieu de canton de l'arron disse-
ment de Marvéjols, sur l'Urugne, qui y reçoit la magnifique source
de St-Frégal.

(2) Nous avons conservé à ce document l'orthographe de l'époque ne voulant pas lui enlever les marques de son origine.

la liste pour aller à Mende et les ayant requis de nouveau de partir, un d'entre eux représenta que Chanac se trouvant dépourvu d'armes étant aussi en danger, il convenait de rester pour veiller à la sûreté de l'androit et proposa d'écrire au département pour l'informer des mesures qu'il convenait de prendre. Un autre observa qu'il fallait attandre la garde nationale de la Canourgue qui devait venir aussi donner du secour au département suivant la lettre que nous leur avions envoyée pour se joindre à eux et partir ensemble.

« Et une heures après, sur les cinq heures du matin, les nommés Lafage, du lieu d'Auxillac, Placide Monestier, du lieu de Nauzas, avec l'abbé Fage des Mont et le nommé Vidal, abbé de Mende, et autres particuliers étant au nombre de cent armés de fuzils, sabres, pistolets et autres armes, venant de la route de Millau, descendirent à Chanac, criant : Vive le roi Louis dix-sept, vive le régent, vive Charier, général de l'armée du Midy ; laquelle troupe ayant rencontré le citoyen Jean-Baptiste Bertrand, de Chanac, Léger Augade, Baptiste Metge, Augade cadet et Benoît Augustin Roujon et autres qui étoient allés à leur devant pour les avertir croyant que c'étoit la garde nationale de La Canourgue qui allait donner du secour au département et pour se joindre à eux, il se mirent à leur crier à vingt pas de nous ou nous vous brûlons la servelle, leur disant qu'il étoient des démocrates enragés, saisirent le citoyen Bertrand, lui arrachèrent sa cocarde nationale, ainsi que celle des autres et conduisirent le citoyen Bertrand devant l'arbre de la Liberté.

« Et les nommés Pierre Paparel de Ressouches ; Pierre Paparel, son fils, de Chanac ; le nommé Paparel fils du dit, prêtre et curé de Vabres, daille, et autre Paparel fils, vicaire du dit lieu de Javols ; Gase, prêtre du dit Chanac ;

Jean-Pierre Rabier, du Cros bas; Jean Rascalon fils; Dupont; François Blanc père, de Ressouche; Joseph Girard, porteur d'ordre de Chârier, le nommé Brioude fils, menuisier; Jean-Antoine Bergonnhe, gendarme, commandant la troupe; Jean-Baptiste Vaunnalle, tisserand; Jean Rouvière, dit Bragas, le nommé Carteirade fils, de la Noujarde, étant venus pour se réunir avec cette troupe de factieux et rebelles, crioient: vive Louis dix-sept, vive le régent, vive Charrier, général de l'armée chrétienne.

« Et s'étant rassemblés au devant de l'arbre de la liberté, le nommé Lafage, capitaine, prit pour lors la parole et dit au citoyen Bertrand: Voilà l'arbre que tu as adoré et dont tu as fait ton Dieu, lui donnat mille injures, et après lui avoir fait faire le tour pendant trois fois, lui ajouta: il faut à présent que tu abattes cet arbre. Et lui ordonna de faire de suite, le citoyen Bertrand ayant pris une hâche d'un de ses factieux, le cerna de tout côté et lui donna trois coups au dit arbre.

« Et de suite une partie de cette troupe ayant été chercher le citoyen Leger Bonnicel, officier municipal, qui s'étoit recouché dans son lit, lui criant: descends de là, coquin de démocrate, et à peine lui donna le tems de s'habiller. Les factieux le saisirent et le conduisirent au devant de l'arbre de la liberté, le forcèrent à donner trois coups de hâche, et l'ayant fait mettre à genoux, lui ordonnèrent de crier: Vive le Roi, vive le Régent, vive Charrier, général de l'armée du Midy, vive la religion catholique, apostolique et romaine, et lui firent embrasser l'arbre de la liberté; quelques-uns d'entre eux lui portant le sabre nu sur la figure, menaçait de le tuer, lui arrachèrent sa cocarde et un bouton à la nation. Et ledit Bonnicel s'étant échappé on lui jetta des pierres en lui criant: tués-le le coquin de démocrate.

« Un instant après, une partie de la ditte troupe au nombre de vingt ayant rencontré le citoyen Antoine, procureur de la commune, devant la maison de Guillaume Palmier qui s'enfuyait, le saisirent et le conduisirent au devant de l'arbre de la liberté, le sabre nu à la main, et le lui portant au cou et lui dirent il faut que tu aydes à couper cet arbre et cellui y donna deux ou trois coups de hâche et de suite on lui dit d'aller chercher le maire et cellui-ci faisant semblant de l'aller chercher prit la fuite et fut se cacher dans un champ pour éviter la mort. Un moment après un très grand nombre de ses factieux s'étant transportés dans la maison du citoyen Barbut, maire, pour le prendre et l'emmener avec eux au-devant de l'arbre de la liberté, ne li ayant pas trouvé, retournèrent encore après dans sa maison pendant quatre fois pour le saisir; et ne li ayant jamais trouvé, de rage et de fureur brulèrent les lois et décrets et registres de la municipalité et les registres des naissance, mariage et décès de la communauté, des années 1790, 1791, 1792 et 1793 qu'il avoit dans sa maison en criant que s'il étoit icy présant on le fairait brûler lui-même. Un instant après son épouse étant venue luy annoncer ce qui s'était passé dans le lieux où il s'étoit caché, ledit Barbut prit la fuite et se retira à Florac vers l'administration du département avec le citoyen Pierre Toquebœuf, officier municipal, qui prit aussi la fuite pour mettre sa personne en sûreté.

« Et nous, Pierre Chaptal et Pierre Goudal, officiers municipaux ayant vu arriver cette troupe de factieux et rebelles qui crioient à grands cris : vive le roy Louis dix-sept, vive le régent, vive Charier, général de l'armée chrétienne et qui avoient arboré la cocarde blanche, persuadés et assurés qu'ils viendroient dans nos maison pour nous prendre et nous saisir, prîmes la fuite pour nous soustraire à leur animozité et à leur colère et aux évènements qui auroient pu nous arriver et avons été obligés de nous cacher loin pendant sept à huit jours.

« Et une heure après que cette troupe de rebelles furent arrivés à Chanac quatre ou cinq d'entre eux étant venus dans la maison du citoyen Jean-Baptiste Metge, secrétaire greffier, pour lui demander les clefs du château, ledit Metge prit la clef de la porte d'entrée du château, et étant descendu de la maison et voulant remettre ladite clef devant la porte de la veuve Bernou ou ils étoient rassemblés, il lui répondirent qu'ils ne la vouloient pas, que le château étoit infesté de patriotes et comme il s'en retournoit, Jean Rouvière dit Bragas étant survenu armé d'un fesson avec quelques autres, me saisirent et me conduisirent devant l'arbre de la liberté et m'ayant fait mettre à genoux, le dit Rouvière me donna un coup de poing sur la tête, me prit mon chapeau et le jetta dans le feu. Alors nous dit Metge, nous étant relevé, retirâmes notre chapeau du feu et prîmes la fuite et ledit Jean Rouvière, toujours acharné et furieux contre moi me jetta son fesson par derrière, qui me passa par-dessous la tête et de coups de pierres.

« Quand l'arbre de la liberté fut brûlé, Joseph Giscard, porteur d'ordre de Charier et autres factieux étant venus dans la maison du citoyen Bertrand pour lui faire perquisition dans sa mison, on lui enleva ses fuzils de munition envoyés à Chanac par le district et le drapeau de la garde nationale. De là s'étant portés dans la maison du citoyen Malafosse, notaire public, pour lui fouiller sa maison et lui prirent un fuzil qu'il avait chez lui et de là étant descendus dans la maison du citoyen Bonnice, officier municipal pour faire de recherches dans sa maison, lui prirent un sabre qu'il avait chez lui.

« Et l'après-midi une troupe de ses factieux vinrent une seconde fois dans la maison du citoyen Bertrand pour faire de recherches pour savoir s'il avait de cartouches et munitions de guerre et de là se transportèrent dans la maison du citoyen Etienne Fraissinet, pour y faire des recherches, lui prirent un fuzil à deux coups et un sabre qu'il avait dans sa maison.

« De tout quoi nous avons dressé le présent procès-verbal que nous certifions sincère et véritable, d'après les renseignements que nous avons pris et les instructions qui nous ont été données et nous sommes signés, le citoyen Goudal, officier municipal n'ayant peû signer le présent, s'étant reffugié au lieu de Lioutades, lieu de sa naissance (n'étant pas encore de retour) dans le département du Cantal.

BARBUT,
Maire.

CHAPTAL,
Officier municipal.

BONNISSEL,
Officier municipal.

TOQUEBŒUF,
Officier municipal.

BERTRAND,
Administrateur du conseil du district.

ANTOINE,
Procureur de la commune.

AUGADE,
Officier de police.

MALAFOSSE,
Administrateur.

METGE,
Greffier.

II

Dès l'entrée de Charrier à Marvéjols, le Conseil général d'administration de la Lozère fut avisé de prendre ses moyens de défense afin de s'opposer à l'attaque de l'armée royaliste. Le nombre des soldats insurgés avait été tellement exagéré, que les autorités départementales se trouvèrent démoralisées. Les patriotes consternés proposaient des moyens désespérés. La municipalité de Mende, au contraire, désireuse de recevoir le général de l'armée chrétienne du Midi, attendait avec impatience cet évènement qu'elle ne cherchait pas à conjurer.

Le Directeur et les Membres du tribunal criminel se transportèrent à Florac, afin de se soustraire à une défaite certaine. La ville, peu défendue, ne pouvait en effet résister bien longtemps, en présence surtout de la défection des autorités locales qui s'accentuait de plus en plus et de la complicité d'une grande partie de la population, entièrement favorable à Charrier. Le salut était dans la fuite.

Le 27 mai, vers sept à huit heures du soir (1), monté

---

(1) C'est bien vers sept à huit heures du soir que Charrier fit son entrée dans le chef-lieu de la Lozère et non à minuit comme l'ont prétendu certains historiens. Plusieurs témoins entendus au cours des informations judiciaires, ont indiqué cette heure et non celle de minuit.

sur son cheval à poils roux, devant le front de sa petite
armée, accompagné de ses auxiliaires dévoués, ayant à
ses côtés Claude Allier, également à cheval, portant un
sabre, Charrier entra dans la ville de Mende illuminée,
salué par les vivats enthousiastes et les acclamations des
habitants qui avaient arboré la cocarde blanche.

Le lendemain, entre six et sept heures du matin, Charrier fit mettre en liberté les quatorze détenus qui se trouvaient à la prison de l'hôpital, les manda devant lui et
après les avoir inscrits sur les contrôles de sa troupe il
les obligea à le servir, les menaçant de les faire tuer s'ils
s'y refusaient. Les arbres de la liberté qui décoraient les
places publiques furent abattus par son ordre. Un mani-
feste, publié avec pompe dans la ville, enjoignait à la
population de ne reconnaître à l'avenir que Louis XVII,
Philippe, le régent de France, et Charrier pour général de
l'armée chrétienne du Midi. Tous les habitants durent,
sous peine de mort, arborer la cocarde blanche, prendre
les armes, servir dans l'armée royaliste et fournir des
souliers, des armes, des vivres, des munitions à la troupe
royaliste.

Les gens de Charrier furent logés chez les habitants,
dans les auberges et les couvents. Quatre-vingt-dix hommes reçurent l'hospitalité chez l'abbé Dangle, dont la
maison vaste et confortable, possédait des dortoirs. Le
général de l'armée chrétienne du Midi au lieu de se loger
à l'évêché ou à la maison commune, se contenta d'un
modeste appartement, chez Cairoche, ancien notaire.
Située au-dessous de la porte du Soubeiran et à peu de dis-
tance de cette porte du côté d'Angiran (1), en dehors de la

(1) La place de l'Hôtel-de-Ville à Mende est appelée aujour-
d'hui : place d'Angiran. C'est sur cette place qu'avaient lieu les
exécutions capitales. La porte de ce nom faisant partie de l'en-
ceinte des fortifications était à côté.

ville, la maison de Cairoche était agréable. Pour y accéder il fallait descendre à gauche de la porte d'Angiran et pénétrer à travers les étendages dans une basse-cour qui conduisait à l'appartement du chef des royalistes.

L'armée de Charrier occupait la ville, de la porte d'Aiguepasses (1) jusqu'à la porte d'Angiran.

Le 29 mai, le citoyen Hébrard (2), officier municipal, fit élever, par le nommé Crespin Sallier, un autel sur la place du Soubeiran. Une messe y fut célébrée en présence des troupes royalistes et des habitants. A la cathédrale, une messe suivie d'un *Te Deum*, réunit toutes les autorités fidèles à Charrier. Une partie de la population envahit la grande nef pour contempler les chefs de l'insurrection royaliste.

Au milieu de la joie publique, Charrier paraissait pensif et rêveur. Depuis Rieutord il se voyait acclamé, encouragé, fêté. Tous, officiers et soldats, le considéraient comme un chef habile. Devant lui l'administration départementale avait fui la ville. A Mende, cependant, qu'il venait d'occuper devaient commencer les revers de sa fortune politique et militaire. Son dévouement à la royauté, la connaissance complète du pays et des hommes auxquels il commandait, suppléaient aux exigences multiples du métier des armes qu'il n'avait jamais appris. Son fanatisme encouragé par les frères Allier et par son fidèle état-major, l'avait obligé au début de cette campagne, à prendre la direction

---

(1) Porte des fortifications de la ville qui se trouvait près du Palais de justice actuel et de l'ancien évêché, aujourd'hui Préfecture.

(2) Voir le jugement n° 7. Hébrard, traduit devant le Tribunal criminel fut acquitté.

des opérations militaires. Tout entier à ses fonctions, confiant dans son entourage, il allait de l'avant, sans même penser au but à atteindre et sans se faire à l'idée qu'une défaite possible et imminente pouvait déjouer tout à coup ses combinaisons, faire échouer ses projets et amener la défaite sur l'armée royaliste. N'avait-il pas dit dans l'ardeur de la lutte, aux prisonniers de Rieutord : « *qu'il donnerait bientôt les mains à la Vendée et aux Espagnols.* »

Prenant ses désirs pour des réalités, et ayant par des artifices de langage su persuader à son armée la toute puissance dont il se croyait investi, il augmentait chaque jour sa popularité et son crédit. Il n'en fallait pas davantage pour soulever des populations fanatiques, éblouies par ses premiers succès.

Charrier avait confié une partie de l'administration des troupes royalistes, aux officiers : Renouard Victor fils, et Laurent Victor, qui se disaient commandants de la ville de Mende. Le premier surtout, faisait sentir son influence dans les moindres détails de la vie matérielle des soldats royalistes. Il exerçait, au dire de certains d'entre eux, ses fonctions avec une grande rigueur. Faisant perquisitionner chez les habitants, qu'il invitait à se joindre à la troupe de Charrier, leur promettant en cas de refus, de piller leur maison, de les attacher et de les faire prisonniers. Les infirmes et les octogénaires ne parvinrent pas à trouver grâce devant ce jeune et redoutable chef, digne émule de Charrier. Jean Lacombe et Guillaume Raimond allaient, nantis de billets signés par lui, chercher chez les aubergistes, des rations de vin, de pain et de vivres. Il convoquait les boulangers de la ville au Comité de subsistances établi à l'Evêché (1) et les obligeait à fournir la farine nécessaire à l'alimentation de la troupe. Anne Bonnefoi fournissait le pain de munition. Pierre Badaroux, aubergiste, livrait à l'armée de Charrier, pour 856 livres de denrées, de pain et autres fournitures, en échange de bons signés par Renouard et Lavaissière, qui restèrent impayés.

Comme à Marvéjols, les troupes de Charrier se livrèrent au pillage de certaines maisons privées ; une bande de révoltés, ayant à sa tête Giral Mazac, dit Lesquille, couvreur ; Bonnet, menuisier ; Généviève, cordonnier ; Sabatier et Denis, tisserands ; le maire de Gabrias et son neveu ; Jeannet Daumes, Faibesses du Monastier, Thédenat ; Cadel Martin, de Marvéjols, pénétra dans la maison de la citoyenne Paradan, épouse du citoyen Grasset, *homme de loy* ; les armoires furent fouillées et tout le linge de table et de la maison disparut.

Au même instant Victor Laurent, à la tête de huit brigands se présentait chez la veuve Favet, marchande, à laquelle il réclamait d'un ton impérieux et menaçant les armes qu'elle possédait. Celle-ci résista longtemps à cette demande et ce ne fut que menacée de mort qu'elle ouvrit

---

(1) Noms des boulangers qui se rendirent au Comité de subsistances de Charrier :
Calixte Boncton, 10 cartes de farine.
Jean-Pierre Donnedieu, 20 cartes.
Jean-Louis Borrel, 20 cartes.
Antoine Donnadieu, 6 balles pesant 125 livres.
Baptiste Jacques, 30 balles.
Vital Braisse, 32 balles.
Pierre Jacques, Antoine Rey, Jean Antoine-Clarel et André Rocher fournirent une quantité indéterminée.
Pierre Cairoche, 6 balles pesant 750 livres en tout.
Jean Dousson, 20 cartes.
Pierre Rey, 20 cartes.

son magasin et livra les sabres et les pistolets qui y étaient renfermés.

Au cours d'une perquisition domiciliaire, on conduisit devant Charrier, qui se trouvait avec son état-major à la maison commune, la veuve Pecaud, marchande. Le général royaliste la menaça de mort, si elle ne versait pas immédiatement, entre ses mains, 24.000 livres de taille.

Une grande quantité d'armes de toutes sortes furent apportées à l'évêché et à la maison commune. Charrier les distribua aussitôt aux capitaines des diverses compagnies de son armée. Soustelli, capitaine, reçut, pour ses hommes, huit fusils et huit piques ; la compagnie de Saint-Laurent, deux fusils à munitions ; M. de Lestaing, capitaine de Chirac, six fusils et quatre piques ; Pierre Gouet, deux fusils ; la compagnie de Chanac, huit fusils à munitions (1).

Dans la nuit du mardi 28 mai, Renouard fils, accompagné de quelques hommes, envahit les salles du district et du tribunal civil et y commit les dévastations les plus horribles. Tous les papiers contenus dans les archives furent jetés par les fenêtres. Les salles du juge de paix et de l'officier public, envahies et pillées, restèrent ouvertes aux passants. Le manteau de cérémonie du président du tribunal ainsi que les effets appartenant aux juges et au greffier (2) disparurent. Plus tard on les retrouva dans un placard de la maison Renouard père, notaire à Mende (3). L'appartement de l'accusateur public lui-même ne fut pas

---

(1) Bergogne, capitaine de cette compagnie évaluait à 140 hommes le contingent fourni par la commune de Chanac à l'armée royaliste.

(2) Il était le cousin de Renouard Victor.

(3) Voir le jugement n° 5.

épargné. Les rebelles y prirent des papiers, un assignat de 500 livres, des hardes, sept à huit paires de bas de soie et de fil, des mouchoirs et quatre paires de souliers. Les portes avaient été fracturées et brisées.

Déjà les troupes légales de l'Aveyron et des départements limitrophes accouraient au pressant appel des patriotes lozériens. Marvéjois était repris et Chanac se fortifiait pour soutenir l'attaque des royalistes. Les troupes du Gard et de l'Ardèche, concentrées à Florac, s'avançaient vers Mende pour opérer leur jonction avec ces dernières et cerner, dans cette ville, l'armée chrétienne du Midi, qui ne devait pas tarder à succomber. Le piège était tendu autour de Charrier qui sut l'éviter à temps. Dès le 30 mai, à deux heures du matin, il quitta Mende, avec ses 1.800 hommes, ne laissant, dans le chef-lieu de la Lozère, que 300 hommes, et se dirigea du côté de Chanac. Le soir à six heures, au nord de la ville de Mende parut le drapeau tricolore, dans toute sa majesté, avec une forte armée. Les rebelles, restés à Mende, crurent qu'un renfort leur était envoyé, mais leurs espérances s'étant évanouies, aussitôt, tous abandonnèrent leur poste et s'enfuirent à travers champs. Les officiers municipaux se portèrent, ceints de leurs écharpes, dans la ville aux cris de : « *Vive la Nation, vive la République !* ». Les cloches sonnèrent à toutes volées, annonçant ainsi la délivrance des patriotes et la fuite de Charrier. La population qui, la veille, fêtait encore les royalistes, étourdie par ces évènements brusques et imprévus, ne tarda pas à acclamer les gardes nationales et à arborer la cocarde tricolore. Le calme se rétablit dans cette ville momentanément troublée, et, le 8 juin suivant, le conseil départemental et les autorités qui s'étaient réfugiés à Florac, revinrent à Mende pour y continuer leurs fonctions.

Après avoir tranquillement suivi la route qui longe ou
domine le Lot, l'armée de Charrier arriva au bourg de
Barjac (1) et se vit barrer le pont qui franchit la rivière
par une compagnie d'infanterie et un certain nombre de
cavaliers. Pleins d'ardeur, les royalistes serrèrent sur les
patriotes qu'ils défirent et refoulèrent jusqu'au pont
d'Esclanèdes (2). Tous les officiers de Charrier, ainsi que
Claude Allier, se battirent ce jour-là vaillamment. Les
Aveyronnais se retirèrent dans le château de Chanac ou
se débandèrent dans toutes les directions. La victoire resta
à l'armée chrétienne du Midi. Les patriotes s'étaient
laissés surprendre et tromper par l'effectif de l'armée
royaliste; ils eurent le tort de ne pas se ressaisir et
d'abandonner le château et la petite ville de Chanac, où
ils eussent pu résister aux coups répétés de leurs ennemis. Charrier s'empara du château et y tint un conseil de
guerre en présence de tous ses officiers. Apprenant que la
jonction des troupes légales venait de s'opérer, à Mende,
et que cette ville était désormais au pouvoir des patriotes,
il comprit que la résistance devenait alors impossible,
eu égard aux forces dont il disposait. Plus que jamais il
s'interrogeait et il interrogeait les gens de son entourage
sur les moyens de défense à opposer à une armée bien
supérieure à la sienne. Découragé au lendemain même de
sa victoire, effrayé peut-être par les responsabilités déjà
assumées, le général de l'armée chrétienne du Midi, cédant
à une inspiration ou à une crainte subite, abandonna ses
troupes, qu'il licencia, et se jeta dans la montagne de l'Au-

---

(1) Barjac, commune du canton de Chanac, se trouve sur la
route de Mende à Marvéjols. 883 h.

(2) Esclanèdes, commune de Chanac. 502 h.

brac, d'où il était parti, pour ne plus en sortir qu'entre deux gendarmes, garotté et lié comme un malfaiteur (1).

Après d'actives recherches, dirigées par les troupes nationales et la gendarmerie, Charrier, dénoncé et abandonné par ses partisans, fut arrêté dans les montagnes de l'Aubrac. On le trouva caché avec sa femme dans le sous-sol d'une ferme, (2) armé de pistolets et dans un état de dénûment complet. Amené à Rodez, le 5 juin 1793, il fut immédiatement interrogé. A plusieurs reprises, Chateauneuf de Randon l'invita à faire connaître ses complices et la trame de l'insurrection royaliste qui venait d'échouer dans le Midi de la France. Charrier s'y refusa, malgré les promesses qui lui furent faites.

Le 11 juin, le Conseil général d'administration de la Lozère demanda vainement aux autorités de l'Aveyron le transfert de Charrier à Mende. Jugé à Rodez, le 16 août 1793, par le tribunal criminel, et reconnu coupable de contre-révolution, le général de l'armée chrétienne du Midi était exécuté le lendemain (3).

----

(1) Dès le 2 juin 1793, la Convention nationale, mise au courant de l'agitation que causait dans la Lozère l'insurrection royaliste, avait ordonné le départ de deux commissaires extraordinaires : Chateauneuf de Randon et Malhes (du Cantal). Chateauneuf de Randon, ci-devant comte, représentant du département de la Lozère à la Convention, issu d'une noblesse des plus anciennes du Gévaudan, professait, depuis leur éclosion, les idées révolutionnaires. Il avait voté la mort du roi sans sursis. Originaire du pays, il parut devoir jouir en cette circonstance d'une grande influence sur ses compatriotes. D'ailleurs la Convention appréciait à leur juste valeur les missions importantes qu'elle lui avait déjà confiées.
Joseph Malhes, autrefois juge au district de Mauriac.

(2) La ferme du Prégrand.

(3) Charrier avait 38 ans ; le lendemain de son exécution son fidèle domestique Laporte, arrêté en même temps que lui, fut acquitté par le tribunal criminel de l'Aveyron.

Sa mort ne parvint pas à apaiser la Lozère, que des bandes de royalistes, derniers survivants de l'armée des rebelles, parcouraient encore. Sur tous les points du département on signalait leur présence et leur pillage. A Balsiges (1), à Sainte-Enimie (2), aux environs de Marvéjols, dans l'Aubrac et sur les confins de l'Aveyron et du Cantal, des gens armés ne craignaient pas de voler et de menacer les habitants.

A Sainte-Enimie, dans la nuit du 27 au 28 octobre 1793, chez le citoyen Guillaume Evesque, une vingtaine d'individus, armés de fusils, de pistolets et de sabres, ayant pour la plupart la figure noircie afin de ne pas être reconnus, réclamèrent des armes et de l'argent pour pouvoir continuer la guerre civile. Effrayé, Evesque livra à cette bande de brigands les armes qu'il possédait, à titre de dépôt, et leur compta en outre la somme de 1.500 livres.

Le même jour, quatre hommes armés de pistolets et de sabres et vêtus comme des paysans, ayant également la figure noircie, s'introduisirent dans la maison du citoyen Pradeille, officier municipal de la commune de Balsiges. L'un d'eux, qui parut être le chef de la bande, portait deux pistolets à la ceinture et des guêtres en cuir ; il était pâle et grêlé de la petite vérole. D'un ton arrogant il interpella Pradeille en ces termes : « *Par ordre du roi, coquin, tu es pris, rends tes armes* »; il le menaça et le somma d'ouvrir sa garde-robe dans laquelle il prit 600 livres en papier et en

---

(1) Balsièges, commune de Mende au confluent du Lot et de la Vize, au pied du causse de Sauveterre. 791 h.

(2) Sainte-Enimie, chef-lieu de canton de l'arrondissement de Florac, à 480ᵐ d'altitude sur le Tarn, entre les immenses parois des causses Méjean et de Sauveterre, à l'entrée presque des magnifiques gorges du Tarn, aujourd'hui célèbres et très parcourues par les touristes.

argent, quatre louis d'or, une montre en argent. Puis
descendant à la cave, il pria Pradeille de lui remettre son
porte-monnaie, sous peine de mort. Après avoir résisté
quelque temps, ce dernier lui remit 5.300 livres en assignats. L'inconnu, muni de son butin, prit la fuite avec ses
trois complices, en recommandant toutefois à Pradeille de
ne parler à personne de ce qui venait de se passer.

Dans le canton de Nasbinals, des gendarmes et des déserteurs de l'armée régulière essayèrent de causer quelques
troubles bien vite réprimés. Toutes ces protestations,
toutes ces révoltes partielles ne purent pas entraîner les
populations, ni déterminer un nouveau mouvement contre-
révolutionnaire. Les paysans qui avaient suivi Charrier,
gardaient encore pour sa mémoire une grande admiration,
mais leur zèle s'était attiédi au contact de leur famille et
de leurs intérêts matériels longtemps délaissés. Instruits
par l'expérience, effrayés par la guerre civile, déçus par
l'insuccès de la conspiration royaliste, ils ne cherchaient
plus qu'à se faire oublier et à dissimuler leur passé. Heureux de pouvoir échapper aux dénonciations des patriotes,
qui procédaient à de minutieuses enquêtes sur les troubles
contre-révolutionnaires, ils réunissaient, autant que possible, les preuves de leur innocence ou tout au moins de
leur entraînement !

Le Tribunal Révolutionnaire

En supprimant les provinces et en créant les départements, l'Assemblée Constituante, par son décret, en date du 15 janvier 1790, modifiait, complètement, la territorialité administrative et judiciaire de la France. Aux provinces succédaient les départements et les districts. Les baillages, les présidiaux, les sénéchaussées, les parlements étaient remplacés par les tribunaux criminels des départements, les tribunaux civils des districts et les tribunaux de paix des cantons. Une cour suprême veillait à la conservation des formes judiciaires. Le jury était admis en matière criminelle.

Comme les autres, le département de la Lozère eut son

directoire départemental (1), son conseil général (2), ses directoires de districts (3), son tribunal criminel, ses tribunaux de districts, ses tribunaux de paix. La loi du 25 février 1790 ordonna en outre que les fonctions de tous les magistrats composant ces divers tribunaux, seraient temporaires et électives. Seuls, les Présidents et commissaires près les tribunaux criminels, devaient, après avoir été désignés par l'élection, être agréés par le Roi.

Les électeurs du département de la Lozère procédèrent à l'élection de leurs magistrats et désignèrent les Président et commissaire royal près le tribunal criminel. Par lettres patentes, en date des 20 et 28 décembre 1791, le Roi, Louis XVI, nomma, pour six ans, aux fonctions de Président du tribunal criminel du département de la

---

(1) Conseil électif créé par la constitution de 1791 et chargé de l'administration d'un département. Il se composait de huit membres élus par et parmi les trente-six du conseil général du département, pour quatre années et renouvelés tous les deux ans ; ils siégeaient en permanence au chef-lieu et touchaient un traitement de 1600 à 3000 livres dans les villes au-dessous de 20.000 habitants.

(2) Le Conseil général élisait parmi les personnes les plus notables un président du directoire, dont les fonctions étaient gratuites. Il y avait près de chaque directoire un procureur syndic salarié élu pour quatre ans.

(3) Le directoire du district était un conseil électif, institué par la constitution de 1791 et composé de quatre membres élus pour quatre années, ayant 900 à 1000 livres dans les villes au-dessous de 20.000 habitants.
Dans chaque chef-lieu de département il y avait un procureur général syndic ; dans chaque district un procureur syndic ; dans chaque commune un procureur.
Il y avait en Lozère, 7 tribunaux civils ou de districts, ayant chacun un commissaire royal.

Lozère, le sieur Guyot Pierre (1), ancien avocat au bailla-
ge du Gévaudan, homme de loi, et aux fonctions de commissaire royal près le même tribunal, le sieur Rozière de
la Chassagne.

---

(1) Pierre-Hyacinthe-Gabriel Guyot, fut toujours président titulaire du tribunal criminel du département de la Lozère. Né à
Marvéjols en 1747, décédé à Mende, le 26 mai 1805, âgé de 58
ans, Chevalier de la Légion d'honneur.
Voici sur ce personnage quelques notes biographiques :
Nécrologie : « La cour de justice criminelle et spéciale de ce
département vient de perdre son président, dans la personne
de M. Pierre Guyot, décédé à Mende dimanche dernier, 6 du
courant, originaire de la ville de Marvéjols, M. Guyot se livra
de bonne heure à l'étude des lois dont il fut l'interprète éclairé,
soit comme jurisconsulte, soit comme magistrat. Avant la Révolution, il remplissait au bailliage du Gévaudan le ministère d'avocat ; depuis 1789, il avait été successivement appelé à diverses
fonctions publiques, notamment à celles de président du tribunal criminel, lors de sa première formation, d'administrateur du
département, de commissaire du directoire près le tribunal de
police correctionnelle de Mende, de député au conseil des
Cinq-Cents et de président de la Cour criminelle. Ses obsèques
ont eu lieu avec tous les honneurs dus à son rang, prescrits par
le décret impérial du 24 messidor an XII. » (Extrait du *Journal
de la Lozère*, du 10 floréal an XIII) Article de Ignon.
On prétend qu'au coup d'État du 18 brumaire, an VIII (19 novembre 1799), Guyot, qui était alors membre du Conseil des
Cinq-Cents, et impotent, fut emporté de la salle des séances,
n'ayant pu sortir lui-même.

Acte de naissance de Guyot :

Le trente mars mil sept cent quarante-sept, a été batisé
M. Pierre de Guiot, fils légitime à Me Gabriel de Guiot, seigneur
d'Arzenc, etc., et à dame Marguerite de Bonniol, mariés de la
ville de Marvéjols, étant né le même jour avant midi, son par-
rain a été Gabriel-Isaac Parandier, la marraine Elisabeth Salaville, tous de Marvéjols, signés avec le père *Gabriel, Izac, Isabeau,
Salaville, Darzenk, Maurin curé.* »
« *Etat-civil de la ville de Marvéjols.* »

Acte de décès de Guyot :

L'an treize de la République, et le septième jour de prairial,
heure de dix du matin, par devant nous, Pierre Martin, adjoint
à la mairie, faisant fonctions d'officier public de l'Etat Civil de
la ville de Mende, canton du département de la Lozère, sont

Le 19 janvier 1792, à dix heures du matin, dans la salle de la maison commune du Conseil général du département de la Lozère, eut lieu la cérémonie d'installation du président du tribunal criminel. Le maire de la ville de Mende, auquel s'étaient joints : Vachin, procureur de la commune, les officiers municipaux : Brunel, Bergognhe, Bourillon, Crespin et Laurens ; les notables : Folcher, Court, Chaptal et Caupert, ouvrit la séance et annonça la nomination du sieur Guyot, comme président du tribunal criminel.

Les autorités se transportèrent aussitot dans la salle de justice, précédées des valets de ville et de la foule des citoyens, désireux d'assister à cette solennité judiciaire. Monté sur le haut banc, le maire fit donner lecture par le greffier des provisions, apportées par le sieur Guyot, et reçut ensuite le serment de ce dernier, conformément à la loi constitutionnelle, sur l'ordre judiciaire du 16 août 1790 ; prenant le président Guyot par la main il le conduisit, accompagné des membres du Conseil général, à son siège et prêta à son tour, ainsi que le Conseil, le serment de fidélité, d'obéissance à la loi et aux jugements du tribunal criminel.

---

comparus : M. Pierre Hyacinthe-Gabriel Guyot, notaire impérial, âgé de 29 ans, et M. Pierre-Augustin Marthe, lieutenant et maître de la gendarmerie impériale du département de la Lozère, âgé de 43 ans, tous les deux dénonçant au dit Mende, le premier neveu et le second propre voisin par le...... du défunt ci-après dénommé, lesquels nous ont déclaré que le jour d'hier, heure de dix du soir, dedans sa maison, ci-devant de l'Union, sise au dit Mende, faubourg des Cordeliers, est décédé M. Pierre Guyot, juge président de la cour criminelle et spéciale du département de la Lozère, membre de la Légion d'honneur, âgé de 58 ans, veuf de dame Séraphie Boyer, laissant quatre enfants dont deux mâles et deux femelles. Et ont les déclarants signé avec nous le présent acte après qu'il leur a été fait lecture. »
Etat civil de la mairie de Mende.

Le même jour, à onze heures du matin, le sieur Delapierre François, plus connu généralement sous le nom de
Dalzan (1), nommé le 9 septembre 1791, par l'Assemblée
électorale du département de la Lozère, accusateur public
près le tribunal criminel, prêta serment en cette qualité
devant le tribunal où il devait exercer ses fonctions. Le
commissaire royal ne fut admis au serment et installé
que le 25 février suivant (2).

Pour se conformer à la loi, le directoire du département
désigna (3) parmi les juges des tribunaux de district, trois

_____

(1) Delapierre François était notaire lorsqu'il fut nommé procureur syndic du directoire du district de Florac. Comme accusateur public, il signait toujours Lapierre Dalzan et Dalzan
seulement. Ce dernier nom provenait d'une propriété appartenant à sa famille. Après avoir exercé, pendant de longues
années, les fonctions d'accusateur public, il se retira à Saint-
Germain-de-Calberte, où il redevint notaire et mourut après
1815. Il était originaire de Florac.
L'état civil de la commune de Mende contient ses publications
de mariage, que nous nous empressons de faire connaître :
« Ce jourd'hui, 21 brumaire, l'an 3 de la République, une et
indivisible, dans la salle de la maison commune, par devant nous
officier public du canton de Mende ; il y a promesse de mariage
passé entre le citoyen Delapierre François, accusateur public
du département de la Lozère, résidant à Mende, chef-lieu du
département de la Lozère, fils légitime de feu François David
Delapierre et de la citoyenne Marguerite Mazoyer, de Florac,
chef-lieu d'un district au dit département, d'une part; et la
citoyenne Louise Larguier, fille légitime de défunt Antoine Larguier et Louise Dumas, Laute en son domaine de la garde commune et canton de côte libre, ci-devant Saint-Germain-de-Cal-
berte, district de Florac, d'autre part, ainsi qu'il est plus amplement énoncé dans la susdite promesse de mariage en date du
sept vendémiaire. Delapierre ; Louise Larguier, signés à la dite
promesse de mariage, et nous officier public sous signé.
                    Signé : Lapierre Dalzan ».

(2) Après sa prestation de serment il se plaça à côté de l'accusateur public, au parquet et sous le banc au-dessous des juges.

(3) Loi du 21 octobre 1791. Séance du 15 janvier 1792.

juges qui devaient pendant un trimestre composer le tribunal criminel avec le président, l'accusateur public et le commissaire royal. MM. Chevalier, juge du district de Mende; Bancillon, juge du district de Florac, et Valette, juge du district de Marvéjols, furent choisis pour exercer les fonctions de juges au tribunal criminel à partir du 1er janvier 1792 (1).

Dans sa séance du 7 février 1792, le tribunal du district de Mende, ayant refusé d'accorder un de ses membres au tribunal criminel, pour y exercer les fonctions de commissaire royal, en l'absence du titulaire non installé, M. Jean-François Barbot, homme de loi, fut appelé à remplir ces fonctions par intérim. Le même jour, il siégea en cette qualité et donna lecture de la lettre adressée par le ministre de la justice Duport (2) au tribunal criminel. Dans cette lettre, le Roi faisait appel, par l'intermédiaire de son ministre, au zèle des magistrats lozériens ; il réclamait le maintien de l'ordre public et le châtiment de ceux qui le troubleraient ; il proclamait la liberté entière de conscience ; il déclarait que la plus grande partie des désordres survenus dans les départements de la France étaient le fruit des intrigues des prêtres ambitieux ou fanatiques qui égarent la crédulité des simples et abusent de la confiance du peuple ; il promettait en outre de prendre des mesures contre les juges coupables de mollesse, de faiblesse et de connivence avec les révoltés et invitait ces derniers à se

---

(1) Dans sa séance du 29 mars 1792, le directoire départemental désigna comme juges du tribunal criminel : MM. Martin la Salce de Saint-Chély; Barrot, de Langogne ; Pagesi, de Meyrueis.

(2) Duport (du Tertre) né à Paris en 1754, mort en 1793, avocat avant 1789, membre du corps électoral de Paris, lieutenant du Maire, ministre de la justice en 1790. Décrété d'accusation après le 10 août 1792, il fut condamné par le tribunal révolutionnaire et exécuté.

montrer sévère envers les fanatiques, les perturbateurs, les séditieux, les persécuteurs (1).

Dans sa séance du 10 février 1792, le tribunal criminel de Mende reçut le serment de Lozerau, greffier, de Claude Lequeray, boulanger de Marvéjols, et de Louis-Clément Montialoux, praticien à Mende, comme huissiers. Tous les trois exercèrent leurs fonctions à dater de ce jour. Le tribunal criminel, ainsi organisé, tint régulièrement ses séances sans attirer l'attention publique sur ses jugements et sur ses membres qui se renouvelaient tous les trimestres, avec une régularité parfaite. L'année 1792 fut relativement calme, en Lozère, malgré la révolte passagère des royalistes. Cependant des hauts plateaux de l'ancien Gévaudan, comme des sentinelles vigilantes, ils suivaient les évènements qui se déroulaient, soit en France, soit à l'étranger et sur nos frontières. Ils comprimaient leur ardeur pour la lutte et leurs désirs de renverser la Révolution naissante. La présence du Roi au pouvoir les maintenait encore dans la réserve et dans un calme apparent. Mais à mesure que l'autorité et le prestige de ce dernier s'affaiblissaient, leurs sentiments de haine envers les patriotes s'augmentaient et menaçaient de faire explosion. L'année 1793, avec ses évènements variés et subits, ne devait pas tarder à changer cet état de choses et à faire naître dans ce département la plus sanglante insurrection qu'il ait connue et que nous avons essayé de décrire. De courte durée, sans doute, elle resta et restera toujours dans l'histoire locale comme l'évènement le plus marquant de la fureur populaire contre le pouvoir.

Une pareille révolte réclamait une certaine répression. Les patriotes victorieux ne pouvaient pardonner aux

(1) Lettre du 10 janvier 1792.

4

royalistes leur insoumission et leur mépris pour le régime nouveau. Dès les premiers jours de juin 1793, commencèrent les investigations de la justice (1). L'accusateur public du tribunal criminel présentait requête aux juges en ces termes : « L'accusateur public remontre qu'au sujet des troubles contre-révolutionnaires qui agitaient, il y a peu de jours, ce département et pendant lesquels les rebelles se sont livrés aux dilapidations, au pillage, aux atrocités de toute espèce, au meurtre des prévenus des diverses parties du département ont été saisis et conduits dans la maison de justice à Mende, où leur nombre est assez considérable, il importe de les entendre. L'accusateur public requiert encore qu'il soit informé et procédé contre eux comme étant hors la loi et conformément à celles du 19 mars dernier et du 10 may suivant ; attendu que le crime dont ils sont inculpés est d'avoir pris part aux révoltes contre-révolutionnaires, aux meurtres et au pillage, et faire justice (2).

« *L'accusateur du département de la Lozère,*
« (5 juin 1793.) DALZAN. »

Les juges de paix furent dès lors invités à dresser des rapports, à faire des enquêtes, à entendre tous ceux qui leur étaient désignés comme ayant participé aux troubles

---

(1) Le 27 mai, Dalzan qui se trouvait à Florac avec le tribunal criminel, fut invité, sur réquisitoire, par le citoyen Fabre, représentant du peuple, commissaire de la Convention nationale, et les citoyens Allut et Senilhac, administrateurs de l'Hérault et du Gard, à se rendre à Mende pour procéder à l'instruction des enquêtes contre-révolutionnaires.

(2) Toutes les requêtes adressées par Dalzan au tribunal criminel sont écrites entièrement de sa main. L'écriture est nette, ferme, en gros caractères, très lisible, sans ratures. Le style de ces requêtes est simple et concis.

contre-révolutionnaires. Ce ne fut donc pas de propos
délibéré, et par une procédure sommaire, comme l'ont
prétendu certains écrivains mal renseignés ou leurrés,
que les accusés de participation aux troubles révolutionnaires comparurent devant le tribunal criminel. Il fut
permis à chacun d'eux de se défendre, de produire des
témoins et de convaincre ses juges.

Le tribunal criminel de Mende se transforma, de lui-
même, en tribunal révolutionnaire et jugea les auteurs et
les complices de l'insurrection royaliste, du 2 juin 1793
(an II de la République) jusqu'au 10 mai 1794 (an IIᵇ de
la République).

Le sieur Guyot, président, rendit une très grande partie des
jugements contre-révolutionnaires mais il fut quelquefois
remplacé au cours d'une maladie, par les citoyens Baldit;
Gilbert Martin; Dallo; Cayla et Velay Léon, juges. Ce
dernier, surtout, présida plusieurs audiences.

Renouard, Pierre, siégea, en qualité de greffier; Velay
André et Privat Pitot étaient commis-greffiers.

Les juges, désignés à tour de rôle, pour composer le tribunal criminel et révolutionnaire, furent :

Bancilhon, Louis (district de Florac).
Teysonnière, Dominique (district de St-Chély).
Benoît, Jean-Pierre (district de Marvéjols).
Fillon, Jean-Baptiste.
Toquebœuf, Sylvestre (district de Mende).
Baldit, Jean-Antoine (district de Langogne).
Escalier, Jean-Antoine (district de Langogne).
Durand, Jean-François (district de Marvéjols).
Ricard, Laurent.
Joseph, Paul.

Barbot, Jean-François.
Meinadier, Jean-Antoine.
Morel.
Dallo, Jean-Etienne-Guillaume.
Bon, Barthelemy.
Cayla, Aldebert.
Cruveillier, Jean-François.
Paulhac, Jean-Baptiste.
Velay, Léon.
Lacoste, fils.
Dibon.
Rastoue.
Jourdan, fils.

. Le tribunal révolutionnaire rendit en tout 59 jugements (1) et statua sur le sort de 344 individus, parmi lesquels figurent six femmes seulement.

112 accusés furent condamnés à mort et exécutés, dans les 24 heures qui suivirent leur jugement (1).

Parmi eux se trouvaient :

16 prêtres ou vicaires.	1 gendarme.
1 notaire.	2 brigadiers de chasseurs.
1 huissier.	1 moine.
2 tailleurs d'habits.	1 officier de santé.
1 voiturier.	1 menuisier,
3 tisserands.	1 tonnelier.
1 trafiquant.	1 fileuse,
1 cabaretier.	Des propriétaires, des cul-
1 médecin.	tivateurs, des journaliers.

---

(1) Sur 59 jugements, 29 seulement furent rendus sous la présidence de Guyot.

(1) Les exécutions eurent lieu sur la place d'Augiran, à Mende, l'exécuteur des jugements se trouvant dans cette ville.

52 accusés furent condamnés à mort, par contumace ; dans ce nombre figuraient :

17 prêtres ou vicaires.	1 fermier.
1 médecin.	1 hôte.
1 maçon.	1 cordonnier.
1 tonnelier.	1 voiturier.
1 valet de chambre.	Des cultivateurs.
1 gendarme.	Des journaliers.

156 accusés furent acquittés ; parmi eux on relève les professions suivantes :

17 cultivateurs ou proprié- taires.	1 prêtre.
3 officiers municipaux.	1 apothicaire, officier mu- nicipal.
2 menuisiers.	1 aubergiste.
2 juges de paix.	8 journaliers.
1 procureur de commune.	3 cordonniers.
2 serruriers.	1 notaire.
4 tisserands.	Des laboureurs, des ou- vriers.
5 femmes.	
1 fermier.	

Le tribunal condamna, également, deux accusés à la déportation, pendant dix ans et 13 autres à la déportation sur les côtes d'Afrique, pendant le restant de leur vie ; il se montra très indulgent à l'égard de deux accusés qu'il mit en liberté complète. A l'égard de deux accusés dont l'état mental laissait à désirer, il suspendit l'instance et chargea des médecins de les examiner et de dresser un rapport. Il déféra à la Convention nationale, conformément à la loi, un prêtre atteint d'infirmités, sur le sort duquel Chateauneuf, commissaire de la Convention nationale, n'avait pas voulu statuer (1).

Comme on le voit, le nombre des condamnés est considérable. Parmi les condamnés à mort et exécutés ou contumaces ne figure aucun noble, aucun citoyen occupant ou ayant occupé une situation très élevée dans le département. Les représentants de la noblesse avaient quitté la Lozère à la mort du Roi, la plupart s'étaient retirés à l'étranger et principalement à Coblentz. Un grand nombre de prêtres, après l'exécution de Charrier, comprenant que les responsabilités qu'ils avaient assumées étaient de nature à les faire traduire devant le tribunal criminel s'enfuirent dans d'autres départements et dans la Vendée.

Seuls, les paysans qui s'étaient retirés chez eux, après la dissolution de l'armée chrétienne du Midi et quelques prêtres furent inquiétés.

Le tribunal révolutionnaire, tenant compte de l'entrainement fatal, irrésistible, auquel certains avaient cédé, se montra le plus souvent indulgent. Composé de juges, tous originaires du département de la Lozère, il ne fut pas exposé aux actes de cruautés que commirent certains tribunaux révolutionnaires à cette époque. Ecoutant avec bienveillance les explications fournies par les accusés, examinant avec l'attention la plus scrupuleuse les charges qui pesaient sur eux, les magistrats lozériens condamnèrent souvent à regret ceux qui comparurent devant eux. Mais en présence

(1) Le tribunal criminel se transporta à Marvéjols où il siégea au rez-de-chaussée de la maison Peiret. — Le directoire du département ordonnançait les états de frais de voyage et transport sur le visa du président. Le tribunal jugeait en dernier ressort, sans recours en cassation. (Décret de la Convention nationale du 7 avril 1793.)

des désordres graves et des troubles royalistes qui s'étaient produits, pouvaient-ils faire autrement ? Etait-il permis à ceux qui devaient, par profession et par devoir, réprimer et punir les coupables de contre-révolutions, de révoltes envers la Convention, de mettre à néant les informations, complètes et impartiales auxquelles il avait été procédé, de méconnaître les instructions des représentants du peuple, de ne pas faire respecter les lois établies ? Agir autrement eut été de la faiblesse aux yeux de ceux qui restaient chargés de maintenir l'ordre dans le pays! Ne voulaient-ils pas, d'ailleurs, par des exemples, éviter le retour d'une contre-révolution, habilement et longuement préparée, et exécuter, dans leur entier, les instructions de la circulaire ministérielle du 10 février 1792 qui prescrivait la répression immédiate des troubles et des désordres de quelle nature qu'ils fussent et ordonnait de châtier sévèrement les coupables.

En présence des sévérités excessives et des actes de cruauté, commis par divers tribunaux révolutionnaires et surtout par le tribunal révolutionnaire de Paris, n'est-il pas permis de déclarer que celui de Mende fut juste, et relativement modéré. On a dit de Fouquier-Tainville qu'il « *était faible et violent, emporté, hors mesure* (1) » Et on a ajouté encore « *que son opinion était presque toujours la mort; qu'il avait de tels accès d'impatience sanguinaire qu'il faisait préparer à l'avance les jugements, la guillotine et les charrettes* (2). »

Peut-on sérieusement soutenir que le tribunal révolutionnaire de Mende ait eu pareille attitude, et dire que

_____

(1) Michelet, *Histoire de la Révolution.*

(2) Louis Blanc, *Histoire de la Révolution.*

les membres qui le composèrent furent enclins à la
férocité, à la vengeance et aux impatiences sangui-
naires! Ne vaut-il pas mieux déclarer, en historien impartial, que les citoyens, délégués par les tribunaux de district,
aux fonctions de juges du tribunal révolutionnaire de
Mende, eurent un pénible devoir à remplir, mais, qu'en
hommes loyaux, qu'en magistrats fidèles et soumis aux
lois de leur pays, ils firent, peut-être, ce que les circonstances commandaient et ce que l'intérêt national exigeait!

Pièces Justificatives

NOMINATIONS; INSTALLATION DES MEMBRES DU TRIBUNAL
CRIMINEL DU DÉPARTEMENT DE LA LOZÈRE [1]

I

*« Lettres patentes du Président du Tribunal Criminel
du département de la Lozère pour M. Guyot.*

Louis, par la grace de Dieu et par la loy constitutionnelle de l'état, roy des français, a nois ainés et féaux. Les
membres du Conseil Général, de la commune de Mende,
salut, Les électeurs du département de la Lozère nous
ayant fait représenter le procès-verbal de l'élection qu'ils
ont faite en exécution de la loi du 25 février dernier de la
personne du sieur.....

---

[1] Ces documents sont contenus dans le premier registre des
audiences du Tribunal criminel du département de la Lozère,
commencé le 19 janvier 1792, et fini le 18 septembre suivant. —
Archives du Tribunal de première instance de Mende.

Guyot pour remplir, pendant six années, l'office de président du Tribunal criminel du département de la Lozère; nous avons déclaré et déclarons que le dit sieur Guyot est président du Tribunal criminel du département de la Lozère; qu'honneur doit lui être porté en cette qualité et que la force publique sera employée en cas de nécessité pour l'exécution du jugement auquel il concoura, après avoir prêté le serment requis et après avoir été dûment installé; si vous mandons qu'après avoir reçu dudit sieur Guyot le susdit serment, en présence de la commune de Mende, vous ayés à l'installer en l'office de Président du Tribunal criminel du département de la Lozère pour en jouir aux honneurs, pouvoirs, authorité et traitement y attribué, en foy de quoy nous avons signé et fait contresigner les dites présentes auxquelles nous avons fait apposer le sceau de l'État. A Paris, le vingt huitième jour du mois de décembre, l'an de grâce mil sept cent quatre vingt onze et de notre règne le dix-huitième. Louis, signé; par le roy MM. Duport. »

II

Extrait du registre de la municipalité de la ville de Mende.

L'an mil sept cent quatre vingt douze, et le jeudi dix neuvième janvier, heure de dix du matin, dans la salle de la maison commune du Conseil général, ont été présents : MM. de Combette, maire, Brunel, Bergognhe, Bourrillon, Crespin et Laurent, officiers municipaux, Folcher, Court, Chaptal et Caupert, notables, Les seuls qui se soient rendus d'après l'invitation qui en a été faite légallement en la forme ordinaire.

Monsieur le Maire a ouvert la séance en disant que M. Guyot d'Arzenc lui remit, le jourd'hier, les provisions qu'il a obtenues du Roy, en date du 28 décembre dernier, pour l'office de président du Tribunal criminel du département de la Lozère, lesquelles sont nommément adressées aux Membres du Conseil général de cette commune, à l'effet de l'installation dudit M. Guyot et de la réception de son serment.

En conséquence de la quelle remise il aurait convoqué le Conseil général, pour l'objet ci dessus, et à cet effet les dits Messieurs s'étant rendus en la présente salle, ledit M. Guyot d'Arzenc serait également rendu et de suite tous ensembles nous serions transportés dans la salle de justice ou étant arrivés près des valets de ville aurions trouvé un grand nombre de citoyens et étant monté sur le haut banc M. le Maire a remis, au secretaire de la municipalité, lesdites provisions à l'effet d'en faire la lecture et qu'il a fait de suite, à haute et intelligible voix, pendant que ledit M. Guillot était assis sur un fauteuil qui avait été placé à ces fins; après quoi, il a requis le nom dudit sieur Guyot. Le serment porté par l'article 3 du dit 7 de la loy constitutive, sur l'ordre judiciaire du 16 août 1790, en ces termes : Juré de la maintenir de tout votre pouvoir la constitution du royaume décretté par l'assemblée nationnale et accepté par le Roy d'être fidelle à la nation, à la loy et au Roy et de remplir, avec exactitude et impartialité, les fonctions de votre office; lequel serment le dit M. Guyot a prononcé lui même et juré en présence de la commune assistante de maintenir de tout son pouvoir la constitution française, décrette par l'assemblée nationnale constituante, les années 1789, 1790 et 1791 et accepte par le Roy d'être fidelle à la nation, à la loy et au Roy et de remplir, avec zelle, force, exatitude et courage, les fonctions de l'office ou il a été appellé et cella, la main par lui levée à la passion figurée de N. S. J. C.

Après ce serment pretté les membres du conseil général de la commune, descendus dans le parquet, M. le Maire a pris M. Guyot par la main, la conduit sur le siège et redescendu, il a pretté a tout le conseil le serment au nom des communes du Ressort de porter au Tribunal et à ses jugements, le respect, l'obéissance, que tout citoyen doit à la loy et à son organe. Par toutes lesquelles formalités et serment, ledit M. Guillot, a été installé en l'office de Président du Tribunal criminel du département de la Lozère, pour par lui en jouir aux honneurs, pouvoirs, authorittée, et traittements y attribués, de conformité aux susdites lettres patentes, en date du 28 décembre dernier et de ce dessus acte dressé, le présent procès-verbail pour servir et valoir audit M. Guyot ce que de raison et ont les membres présents signé ainsi que M. Vachin, procureur de la commune qui a conclu à la prestation du serment et installation cy dessus énoncée et en outre à l'enregistrement et trascription des susdites lettres patentes.

Combette, maire, Brunel, Bergon, Bourrillon, Crespin, Laurent, officiers municipaux ; Folcher, Court, Chaptal, Caupert, notables ; Dardare, secrétaire, signés à l'original, collationné sur le régistre, Dardare, secrétaire municipal ; le présent extrait ayant été retiré par M. le Président ainsi que ses provisions.

F. GUYOT, Président.   LEQUERAY, Greffier-Commis.

———

III

Nomination du Commissaire du Roy près le Tribunal criminel

Enregistrement des provisions.

Commission du commissaire du roy près le tribunal criminel du département de la Lozère, pour le sieur Rozière de la Chassagne; Louis, par la grâce de Dieu et par la loi constitutionnelle de l'Etat, roy des Français; aux présidents et juges du tribunal criminel du département de la Lozère, à Mende, salut, voulant pourvoir à l'office de notre com^{re} près le tribunal criminel du département de la Lozère étably, par la loy des vingt-cinq février et vingt-trois septembre mil sept cent quatre-vingt-onze, nous avons cru ne pouvoir faire un meilleur choix que de la personne du sieur Rozière de la Chassagne dont la capacité, le zèle et l'espérience nous persuadant qu'il remplira les fonction qui y sont attaché avec l'exatitude et activité,........ leur importance et l'ordre public ; à ces causes nous avons commis et, par les présentes commettons ledit sieur Rozière de la Chassagne à l'effet d'exercer les fonctions de l'office de notre commissaire près le tribunal criminel du département de la Lozère et en jouir aux honneurs, pouvoirs, authorittées et traittement y attribué. Si vous mandons que vous étant apparu que le dit sieur Rosière de la Chassagne réunit les qualité pres-

cripte par la loy du vingt-quatre août mil sept cent quatre-vingt-dix et de lui pris et reçu le serment en tel cas
repris et accoutumé vous ayès à le recevoir mettre et
instituer depar nous en possession de l'exercice desdits
offices et l'en faire jouir et uzer. ....., et paisiblement en
foy de quoi nous avons signé les dittes présentes auxquelles nous avons fait apposer le sceaux de l'état, à Paris le
vingtième jour du mois de décembre l'an de grâce mil
sept cent-quatre-vingt onze et de notre règne le dix-huitième Louis signé par le roy M. Le f, Duport, signé.

L'an mil sept cent quatre-vingt-douze et le jeudi dix-
neuvième janvier heure de onze du matin. Dans la salle des
audiences du tribunal civil du district de la ville de Mende,
et par devant nous Pierre Guiot, président du tribunal criminel du département de la Lozère, Ecrivant, sous nous,
Claude Lequeray, que nous avons pris provisoirement
pour greffier commis et duquel nous avons exigé le serment, en pareil cas requis, se sont présentés : le sieur
Dalzan, homme de loy de la ville de Florac et Jacques
Lafont, aussi homme de loy de la ville de Marvejols, qui
nous a dit que venant de ce trouver, avec un grand nombre de citoyens, a la réception de notre serment et de
notre installation, en la place de président du tribunal
criminel, ils nous priait de recevoir leurs serment, scavoir
de M. Dalzan en qualité d'accusateur public du dit tribunal, nommé par l'Assembée électorale du département, le
neuf septembre de l'année dernière et du sieur Lafon, en
qualité de greffier du même tribunal, comme élu par la
même assemblée. Le lendemain, dixième septembre,
auquel effet M. Dalzan a remis sur le bureau un extrait
du procès-verbal de l'assemblée électorale du département contenant sa nomination ainsi que celle du sieur
Lafon. Aux sus dits offices, nous réquérant d'en faire

faire lecture par notre greffier, en présence du public de lui donner acte de la remise par lui faite des dits extraits et de procéder de suite, la séance tenante, à la réception de son serment. Ainsi que celui du sieur Lafon et a leurs installation. Chacun comme le concerne des dits offices d'accusateur public et de greffier et ont signé.

DALZAN,
Accusateur public.

LAFON,
Greffier du tribunal.

IV

Nous, président du tribunal-criminel, siégeant en cette qualitté, à suite de notre réception et installation, faisant droit aux réquisitions des sieurs Dalzan et Lafon, leur avons donné acte de la remise, par eux faite de l'extrait du procès-verbal de l'assemblée électorale collationné par le sieur Pautet, secrétaire, greffier général du départe-ment, duquel extrait avons ordonné qu'il serait fait lec-ture publiquement à haute et intelligible voix, par notre greffier commis, ce qui a été exécuté de suite en présence du public, après quoy nous avons requis dudit sieur Dal-zan le serment porté par l'article trois dudit 7 de la loi constitutionelle de l'ordre judiciaire du 16 août 1790 en ces termes, jurer de maintenir, de tout votre pouvoir, la constitution française décréttée par l'Assemblée Consti-tuante nationale aux années 1789-1790-1791, et acceptée par le roy d'être fidelle à la nation, à la loy et au roy, et de remplir avec fidellité, zelle et courage, les fonctions de votre office, lequel serment ledit sieur Dalzan a prononcé, lui-même à haute et intelligible voix, devant nous, notre gref-fier, et en présence du public, et juré de maintenir de tout son pouvoir la constitution française décrettée par l'assemblée nationnale constituante aux années 1789-1790-1791, et acceptée par le roy d'être fidelle à la nation, à la loy et au roy, et de remplir avec zelle, fidellité et courage, les fonctions auxquelles il a été appellé par les vœux de ses concitoyens et cella, la main levée, à la passion figu-rée de N. S. J.-C.

Nous avons de suite requis le serment du sieur Lafon, dans les mêmes termes, et le dit sieur Lafon ayant prononcé lui-même à hautte et intelligible voix, toujours en notre présence, celle du greffier et du public, il a juré de maintenir de tout son pouvoir la constitution française décrettée par l'Assemblée Nationale constituante aux années 1789-1790-1791, et accepte par le Roy d'être fidelle à la nation, à la loy et au Roy et de remplir, avec zelle, fidéllité et courage, les fonctions auxquelles il a été appelé par les vœux de ces concitoyens et cella, la main levée par lui, à la passion figurée par N.-S. J.-C.

Ces serments ainsi prêtés, nous avons déclaré que le dit sieur Dalzan, était accusateur public du tribunal criminel du département et le sieur Lafon greffier du même tribunal, qu'on doit les reconnaître pour tels et les avons installé chacun aux dits offices, pour en jouir aux honneurs, pouvoirs, authaurittés et traitement y attachés, conformément aux lois du royaume et de tout, le dessus a été dressé le présent procès-verbal, pour servir et valoir aux dits Dalzan et Lafon ce que de raison et nous sommes signés ainsi que notre greffier commis, avec les dits sieurs Dalzan et Lafon. Fait et clôturé le jour mois et aux susdites.

DALZAN,
Accusateur public.

LAFON,
*Homme de loy, greffier du
tribunal criminel.*

P. GUYOT
Président.

LEQUERAY
Greffier.

V

NOMINATION DES JUGES DU TRIBUNAL CRIMINEL.

Extrait du registre des délibérations du département de la Lozère, du 23 janvier 1792, en directoire, MM. Plantier, Cayla, Bès, Osty, vice-procureur général sindic.

Un des membres a dit : Messieurs, le président du tribunal criminel vient d'être installé, mais pour complèter la composition de ce tribunal nous devons désigner trois juges des tribunaux de district de notre département pour siéger, pendant trois mois, à compter du premier du courant, cette désignation doit être faite, par nous, d'après la loy, en forme d'instruction pour la procédure criminelle du 21 octobre dernier, page 34 ; je vous propose donc Messieurs, de procéder, de suite, à cette désignation.

Sur quoy, le directoire du département, le vice-procureur du sindic, entendu, a unanimement arrêté qu'il désigne, pour le district de Mende, M. Chevalier ; pour celui de Marvejols, M. Valette, et pour celui de Florac, M. Bancillon, juges, afin de complèter la compensation du tribunal criminel pour le premier trimestre. Plantier, Cayla, Bès, Osty, vice-procureur général sindic, Pantel, secrétaire général signé au registre collationné.

PANTEL,
Secrétaire général, signé.

VI

LE CAS DU JÚGE BOUTIN ET LE REFUS DU DISTRICT DE MENDE
DE DÉSIGNER CINQ DE SES MEMBRES.

« Du septième février mil sept cent quatre-vingt-douze,
l'an quatrième de la Liberté française, par devans nous,
Pierre Guyot, président ; Louis Bancillon, juge du tribunal du district de Florac, et Pierre-Louis Vallette, juge du
tribunal du district de Marvéjols ; tenant l'audience, M.
Chevalier, juge du tribunal du district de Mende, ayant
été dûment invité comme désigné par le directoire du
département, portant nomination dudit M. Chevalier, en
date du 23 du mois de janvier dernier, et le motif de refus
de sa part étant fondé sur la désignattion faite le matin
par le tribunal de district de cette ville, de la personne
de M. Boutin, l'un des juges, en vertu d'une prétendue
proclamation du roy du 15 janvier, qui n'a point été
envoyée officiellement ni en aucune manière au tribunal,
et dont conséquentement nous ne pouvons avoir aucune
connaissance et, au moment même où nous sommes sur
le siège, s'est présenté le sieur Boutin qui nous a exibé
ladite proclamation du roy dudit jour, 15 janvier dernier,
qui est la même qui fut présentée audit tribunal civil du
district de Mende, par M. le commissaire du roy, à l'audience du troisième du courant, et qui y fut publiée et remise
au greffier, étant signée et certifiée conforme à l'original
par M. Duport, laquelle proclamation porte à l'article 5 :
Que les tribunaux de district désigneront les juges qu'ils
doivent fournir à leur tour au tribunal criminel du dépar-

ment ; qu'ayant été nommé et désigné, à l'audience de ce matin, du susdit tribunal civil de cette ville, dont il est membre pour servir au tribunal criminel de ce département, il se présente pour faire les fonctions qui peuvent le concerner, protestant qu'un refus ou défaut de le recevoir, de la nullité et cassation de tout ce qui pourrait être fait, sans sa participation, et au préjudice des droits du tribunal dont il est membre, et qu'il est désigné au présent tribunal criminel, et à M. Boutin, signé. »

BOUTIN, signé. »

Monsieur Dalzan, accusateur public, présent; M. Rozière, commissaire du roy, en titre, non encore reçu, absent.

« Le tribunal de district de cette ville ayant été prié, ce matin, en la personne de son président, par celui du tribunal criminel, a refusé de lui accorder un membre pour remplir les fonctions de commissaire du roy.

M. Jean-François Barbot, homme de loy, a bien voulu prendre sur lui d'en faire les fonctions, sur l'invitation qui lui en a été faite et en conséquence a requis la lecture de la délibération du directoire du département, en date du 23 janvier dernier.

Le tribunal, après avoir entendu le commissaire du roy, a ordonné la lecture et publication de ladite délibération et, icelle faite, le tribunal a encore ordonné qu'elle serait enregistrée à la suite de la présente audience, pour avoir son exécution et vu que l'extrait de la proclamation du roy, exhibée par M. Boutin et par lui de suite retirée, ne peut point avoir force de loy, n'en ayant pas le caractère, ni la dénomination, n'étant pas même munie du sceau de l'État

qui sont les seuls signes distinctifs de la loy, ne contenant
enfin aucune injonction, soit aux corps administratifs,
soit aux tribunaux judiciaires, sans avoir égard aux réquisitions et protestations de M. Boutin ; le tribunal a
déclaré ne pouvoir l'admettre au siège, charge son greffier
de donner connaissance légalle par le jour du présent
jugement, au directoire du département, pour qu'il arrive
aux moyens de faire exécuter la loy dans toute son étendue, et qu'il remédie le plus promptement possible aux
abus résultant des entraves qu'on pourrait mettre à l'exercice de ses fonctions, M. Barbot a pareillement requis
la lecture, publication et enregistrement d'une lettre du
ministre de la justice, en date du dixième de cette année.

Le tribunal en a ordonné la lecture et publication, et
icelle faitte l'enregistrement, et a renvoyé l'audience, vu
que le tribunal n'était pas complet.

GUYOT, *Président.*   LAFONT, *Greffier.* »

VII

LETTRE DU MINISTRE DE LA JUSTICE
AUX MAGISTRATS, SUR L'APPLICATION RIGOUREUSE DES LOIS.

Paris, le 10 janvier 1792.

« Le roy est vivement affligé, messieurs, de voir des malheureuses querelles d'opinions fomenter dans le royaume des guerres et de discorde, et alimenter les dissensions civiles; il voit, avec douleur, une religion qui ne semble destinée qu'à faire descendre la paix sur la terre et à resserrer les liens qui unissent les citoyens entre eux et l'État, devenue par de telles hypocrittes, des factieux de tous les partis, un instrument de révolte ou un prétexte de vexations et de tyrannie.

Sa Majesté croiroit trahir ses devoirs s'il ne manifestait hautement son indignation contre les auteurs de tant de maux et si elle ne prenoit les mesures les plus actives pour réprimer les éternels agitateurs du peuple qui ne cherchent qu'à l'entraîner au fanatisme ou à la persécution, et perpétuent par leurs criminelles manœuvres les malheurs et l'anarchie. C'est à la loy à maintenir l'ordre public; c'est à la loy à punir ceux qui le troublent; c'est aux organnes de la loy que Sa Majesté m'ordonne de notifier ses intentions et de rappeler les principes dont ils ne doivent jamais s'écarter.

Le roy, en refusant sa sanction au décret du 29 novembre et jours précédents, sur les troubles religieux, doit à la nation, il se doit à lui-même, de prévenir les fausses interprétations que les ennemis de la liberté pourroient donner à ses motifs, et de déclarer qu'il est également éloigné de vouloir prêter des armes à l'intolérance et au fanatisme ; oui, messieurs, il veut que les Français jouissent de tous les droits qu'ils tiennent de la nature et qui leur sont garantis par la Constitution, il veut par conséquent maintenir la paix, le respect pour l'ordre établis et l'exécution des lois qu'il a juré de faire observer.

Or, que portent ces loys ? Qu'autorisent-elles ? Que punissent-elles ? Elles déclarent que le but de toute association politique est la conservation des droits naturels et imprescriptibles de l'homme et elles mettent, au nombre de ces droits, la liberté des opinions religieuses, je dis une liberté pleine et entière ; car la nation française, qui, la première en Europe, a eu le courage et la gloire de proclamer ce grand principe dans tout son étendu, ne s'est pas bornée à énoncer une vérité philosophique, elle a voulu donner en même temps un grand précepte et un grand exemple, et par le titre premier de l'acte constitutionnel elle assure, à chaque homme, la liberté d'exercer le culte religieux auquel il est attaché.

Et certes, le genre d'oppression le plus insupportable de tous serait celui qui s'exerceroit sur les pensées et sur les consciences, et qui placeroit l'homme entre les paines que la loy lui inflige et celle dont la religion le menace, loin du gouvernement le plus libre qu'aucune grande nation ait encore adopté, un despotisme qui prétendrait asservir l'intelligence et commander à la raison. Le domaine de l'opinion est indépendant de celui de la loy, l'erreur même, quelle que soit, n'est point un délit, à plus forte raison une erreur religieuse ; la loy ne règle que les rapports entre les hommes et ne juge que les actions.

La religion est un rapport de l'homme à Dieu et ne connet d'arbitre que la conscience. Mais la Constitution civille du clergé ou plutôt les duretés de sa police extérieure ne sont-ils pas une lésion de principe ? Non, l'Assemblée nationale, en décrétant qu'un culte quelconque serait à la charge de l'Etat, a eu le droit de prescrire, à ses ministres, les convictions pour lesquelles ils seroient salariées; elle n'a pas eu celui de les assujétir contre leur conscience; elle ne l'a pas pu, elle ne l'a pas fait, elle leur a dit : Je n'exige de vous un serment que votre cœur réprouve, un parjure ne pourrait me garantir votre fidellité; mais un refus vous rend inhabile à exercer, au nom de la nation, les fonctions ecclésiastiques salariées par elle, vives en paix, servez Dieu à votre manière ; obéissez aux loys, elles protégeront vos personnes et vos propriétés ; nos temples vous sont ouverts ; vous pourrez même sacrifier sur nos autels ; la nation française ne prétend ni enchaîner votre conscience, ni vous punir d'une erreur sans doute involontaire, mais ne vous obstinez pas à retenir un ministère qu'elle vous retire ; abdiquez des fonctions dont elle déclare que vous n'êtes plus susceptibles, et donnez à vos concitoyens la preuve de votre bonne foi et de la pureté de vos intentions, par votre respect pour la Constitution et pour les autorittés qu'elle a établies : car la même justice m'ordonne de vous protéger tant que vous serez citoyens fidelles, m'ordonne de vous punir dès que vous vous montrerez réfractaires.

Tel est l'esprit de toutes les loys existantes à ce sujet et, nottemment de celle du 26 décembre, rendue sur le décret du 27 novembre 1790, elle ne prononce aucune peine contre les ecclésiastiques, fonctionnaires publics qui refuseront de prêter le serment, elle déclare sensément qu'ils seront regardés comme renonçant volontairement à leur office et qu'ils seront remplacés comme démissionnaires. Ceux-là seuls doivent être poursuivis devant les tribunaux qui, après avoir prêté le serment, violeront la loy qu'ils se seroient engagés à exécuter, ou ceux qui se coaliseroient et exciteroient à la révolte et à la désobéissance ; eux seuls doivent être punis, non comme improbateurs du culte salarié, mais comme perturbateurs du repos public. Ainsi le vray coupable n'est pas celui qui renonçant à des fonctions que repousse une conscience plus ou moins éclairée, rend hommage à la loy par son silence respectueux et par sa retraite, mais celui qui n'obéit, qui provoque une résistance formelle, par ses écrits, par ses paroles, par ses manœuvres, soulève le peuple contre la constitution civile du clergé et les prêtres sermentaires, et abuse de la liberté pour suciter des ennemis à la loy, que nous promet notre code ? Liberté d'opinion, liberté de culte, que punit-il ? La désobéissance, la révolte, j'adjouteray encore la persécution, en effet, la religion dans l'ordre politique, ne doit être envisagée relativement à chaque individu que comme un droit personnel que la société lui garantit, ainsi que la propriété et la liberté dont il fait partie essentielle, une conséquence immédiate de ce principe est que la société doit protection à tous les cultes ; mais elle doit à la sûreté publique d'obliger leurs sectateurs non seulement à ne pas troubler l'État, mais encore à ne pas se troubler les uns les autres : car des atteintes continuelles portées par les citoyens à leurs droits réciproques, constitueroient le corps politique, dans un état de crise et de fermentation intestine qui nécessiteroit sa dissolution et le frapperoit de mort. Tout homme donc qui en trouble un autre dans l'exercice de son culte, attente contre les droits du genre humain et contre les lois de l'État.

Voilà, Messieurs, les délits que nous avons à poursui-

vre, que vous avez à réprimer, à peine de demeurer per-
sonnellement responsable des maux qui résulteroient de
votre faiblesse ou d'une coupable condescendance impas-
sible comme la loy ; faites exécuter les dispositions
rigoureuses qu'elle prononce contre ses infracteurs, elle
ne distingue pas entre le juif et le chrétien, le protestant
et le catholique, le conformiste et le dissident, elle ne
juge pas les opinions et les personnes, mais les actions ;
soyès ses dignes organnes, et montrez-vous comme elle,
sans affection, sans haine, sans partialité ; il est impossible de se dissimuler que la plus grande partie des
désordres qui désolent aujourd'hui nos départements est
le fruit des intrigues des prêtres ambitieux ou fanatiques
qui égarent chaque jour la crédulité des simples, et abusent de la confiance du peuple, il est impossible de se
dissimuler que plusieurs tribunaux ont fait voir dans la
poursuite de ces sortes de délits, une molesse que la loy
condamne et qu'aucun motif, même religieux, ne peut
excuser. J'espère que tous vont déployer désormais le
courage et la fermeté que leur inspire sans doute le grand
intérêt qui leur est confié, l'intérêt de la nation entière.
Sa Majesté veroit, avec indignation, toute négligence à ce
sujet, et elle est résolue à prendre les mesures les plus
sévères contre les juges coupables, dont la faiblesse ou la
connivence criminelle trahiroit la confiance du peuple, la
cause des loys et les devoirs de leur ministère.

Le roy abhorre le fanatisme intolérant qui porte à per-
sécuter un homme pour ses opinions, il abhorre celui
qui transforme un ministre de paix en instigateur de sédition, il abhore encore plus celui qui couvrant ses attentats d'un voile sacré, rend le ciel même complice de ses
crimes, il voit d'un œil de dédain les hypocrites amis du
peuple et de la royauté qui, feignant de s'attendrir sur la

porte de l'autorité royale, affectent de la plaindre des cha-
grins cuisants qu'ils lui font éprouver aujourd'huy, il
rejette avec horreur cette compassion perfide et dévouée
au mépris des bons citoyens, les fausses démonstrations
d'un attachement qui sçait apprécier. Le roy déclare qu'il
est satisfait de la puissance que la Constitution lui donne,
que cette Constitution lui est chère et sacrée, qu'il met sa
gloire et son bonheur à la maintenir parce qu'il voit un
gage assuré de la gloire et du bonheur de la nation dont il
est le chef : Oui, Messieurs, le roy, ami du peuple, mais
il l'ayme en roy citoyen, pour assurer sa liberté en faisant
exécuter la loy : il l'ayme non pour flatter les caprices de
la multitude et cédder à ses passions, mais pour la contenir dans les limites de la justice et la préserver de ses pro-
pres excès par le sage employ de l'autorrité légitime.
C'est à vous à seconder ses vues paternelles, vous qui êtes
les dépositaires et les organnes des loys, cet de leur religieuse exécution que dépendent le rétablissement et le
maintient de la paix ; ne craignez ni la violence des factieux, ni les mouvements populaires ; il est tenu que l'on
sache qu'un attroupement populaire n'est pas le peuple,
et que les clameurs d'une multitude mutinée ne s'empor-
teront pas sur la volonté nationnale qui ne peut être
manifestée que par les décrets du corps législatif, sanc-
tionnés par le roy, la nation et le roy vous investiront de
leur force pour assurer leur exécution, aujourd'hui le but
commun de toutes les autorrités également ennemies du
fanatisme et de l'intolérance, souvenez-vous que la per-
suation ne se commande pas et que quand les esprits ne
peuvent se réunir dans une même opinion religieuse, le
seul moyen d'assurer une tranquilité constante, c'est de
leur laisser une liberté indéfinie, protégés donc tous les
cultes, toutes les religions, tous les citoyens, punissés les

fanatiques perturbateurs, les séditieux, les persécuteurs, c'est le vœu de la loy, l'ordre du roy, l'intérêt de la liberté, c'est votre devoir. Le Ministre de la justice, M. F. F. Duport, signé ; Pierre Guyot, président ; Lafon, greffier.

VIII

ACCEPTATION DE CHEVALIER, JUGE, DE SIÉGER AU
TRIBUNAL CRIMINEL;
PRESTATION DE SERMENT DU GREFFIER ET
DE DEUX HUISSIERS.

« Du dixième février, mil sept cent quatre-vingt-douze,
l'an quatrième de la liberté française, en audience, par devant MM. Pierre Guyot, président ; Bancillon, et Vallette,
juge ; Monsieur Bergogne, juge supléant du tribunal du
district de Mende, faisant les fonctions de commissaire du
roy, en l'absence de Monsieur Rouvière, non encore reçu ;
Monsieur Dalzan, étant présent ; Monsieur Chevalier,
juge du tribunal du district de Mende, désigné par délibération du directoire du département, du vingt-trois janvier
dernier, pour le service du premier trimestre du tribunal
criminel, voulant donner des preuves de son patriotisme
et de son amour pour les lois et ne pas laisser l'exercice
de la justice criminelle suspendu s'est présenté et a déclaré
au tribunal, que toujours soumis aux loix de l'État et attaché au devoir des charges dont il a été honoré, considérant
que la police ne doit jamais être vacante que, sous préjudice du droit du tribunal civil de Mende s'il en a, et jusque
à ce qu'il ait été definitivement décidé par quel membre
du tribunal civil de service doit être fait près le tribunal
criminel, attendu les contestations qui se sont élevées à ce
sujet, il a offert et offre de faire, provisoirement, le service si le tribunal se trouve dans le cas d'en avoir besoin,
requiert en conséquence qu'il lui soit donné acte de la déclaration de son offre et a signé.

« CHEVALIER, *Juge.* »

« Nous, Bergogne, pour le commissaire du roy, requiert qu'il plaise au tribunal de donner acte à Monsieur Chevalier de son dire et offre à ce qu'il soit admis et installé, pour juge, dans le tribunal.

« Le tribunal ouï M. Bergogne, faisant, comme dessus, et faisant droit à ses requisitions, ainsi que la déclaration et offre de M. Chevalier, aux conditions, par lui insérées, dans son dire, a déclaré et déclare que ledit M. Chevalier restera juge du tribunal, pour en faire les fonctions, pendant le présent trimestre, conformément à la désignation insérée dans la délibération du directoire du département, du vingt-trois janvier dernier ; qu'il sera reconnu, en cette qualité, à l'effet de jouir des prérogatives qui peuvent y être attachées.

« Par devant que dessus et M⁰ Chevalier, l'accusateur public présent (Lozeraie) serment a prêter pour sieur Jean-Joseph Lozeraie, habitant de la ville de Mende, en qualité de greffier commis auprès du tribunal ;

« Le tribunal, ouï M. Bergogne, pour commissaire du roy, a reçu le serment du sieur Lozeraie, lequel a juré d'être fidèle à la nation, à la loy et au roy, de maintenir, de tout son pouvoir, la constitution du royaume décrétée par l'Assemblée constituante aux années 1789-1790 et 1791, de remplir, avec fidélité et zèle, les fonctions qui luy sont confiées, comme greffier comis près le tribunal au moyens duquel le tribunal le reçoit comme son greffier comis à l'effet en exercer toutes les fonctions et de jouir de tous les droits et prérogatives qui y sont ou pourront y être attachées.

« Monsieur Bergogne, toujours aux qualités cy-dessus, nous a dit encore que pour le service du tribunal il étai indispensable de procéder à la nommination de deux huissiers, conformément à la loy du mois de juin 1791 et à celle du dix-huit janvier de cette année, et en conséquence requiert le tribunal d'y procéder de suite.

« Et à l'instant, le tribunal a unanimement nommé, pour huissier, sieur Claude Lequeray, boulanger, habitant la ville de Marvéjols, fils à Pierre Lequeray, boulanger, cy devant inspecteur des manufactures du département et sieur Louis-Clément Montialoux, praticien, habitant de la ville de Mende, à la charge par luy d'en remplir les fonctions, de s'acquitter des devoirs de leur charge, de justifier de bonne vie et mœurs et de prêter le serment en tel cas requis, au moyen de quoy il jouiront des traitements qui leurs seront attribués par l'Assemblée nationale.

« Monsieur le Commissaire du roy a dit qu'il est suffisamment instruit de la capacité et de la bonne vie et mœurs des sieurs Lequeray et Montialoux, requiert en conséquence, leur réception et prestation de serment, conformément à la loy.

« Le tribunal, disant droit aux réquisitions de Monsieur le commissaire du roy, a reçu le serment des sieurs Lequeray et Montialoux, lesquels ont juré individuellement d'être fidèles à la nation, à la loy et au roy ; de maintenir de tout leur pouvoir, la constitution du royaume décrétée par l'Assemblée nationale aux années 1789-1790 et 1791 ; de remplir avec zèle et fidélité, les fonctions qui leur sont confiées, moyennant lequel serment le tribunal les confirme en leur nomination d'huissier et les autorise à en exercer les fonctions et ont lesdit Lequeray et Montialoux opposé les signatures et paraphes dont ils entendent se servir dans tous les actes qui concernent leur ministère ; le tout, à suite de la présente audience, le tribunal leur faisant défenses d'en employer d'autres dans les actes.

« Ordonne de plus le tribunal qu'il sera délivré extrait du présent jugement, pour servir aux dits Lequeray et Montialoux de provisions.

« LEQUERAY; MONTIALOUX; P. GUYOT, *président*; CHEVALIER, *juge*; BANCILLION; VALETTE; BERGOUNHE, *juge suppléant du tribunal civil de Mende, faisant pour le commissaire du roy absent;* LAFON, *greffier*.

IX

Du vingt cinquième février, mil sept cent quatre-vingt-douze, l'an quatrième de la liberté française, en audience, et par devant MM. Guyot, président, et Chevalier, juge. Sieur Dalzan, accusateur public, présent. M. le Président a dit que M. Rozière lui avait remis, depuis quelques jours, l'expédition des lettres patentes de sa Majesté, par lesquelles M. Rozière est pourvut de l'office de Commissaire du roy auprès du tribunal, à la charge par lui, de prêter le serment en tel cas requis, par devant le président et juges et de se faire installer, et, de suite, il a fait remettre les dites lettres patentes sur le bureau, sur quoi le tribunal a ordonné et ordonne que lecture sera faite, par le greffier, en présence du public des dites lettres patentes, en date du vingt-un décembre dernier et qu'elles seront enregistrées tout au long dans le registre de ses audiences et...
Lecture faite, M. le président a requis le dit sieur Rozière, le serment porté par l'article trois du titre de la loy constitutive, sur l'ordre judiciaire du 16 août 1790, lequel serment le dit sieur Rozière a prononcé, lui-même, en présence du Tribunal et a juré de maintenir, de tout son pouvoir, la Constitution française, décrétée par l'Assemblée nationale constituante, les années 1789-1790 et 1791 et accepte par le roy, de remplir avec zèle force et courage et exacte-

ment les fonctions de l'office où il a été appelé et cella, la main par lui levée, à la passion figurée de N.-S.-J.-C. Ce serment pretté, le tribunal a déclaré et déclare que M. Rozière est reçu et installé en l'office de Commissaire du roy près le tribunal, que honneur et respect doivent luy être porté en celte qualité, à l'effet d'en exercer les fonctions et par lui en jouir aux honneurs, pouvoirs, authorittés et traitement qui y sont attribué, le dit M. Rozière nous ayant justifié qu'il réunit les qualités prescriptes par la loi du 4 août 1790 au moyen de quoy M. Rozière a pris sa place au parquet à côté de l'accusateur publie et sur le banc destiné à cet effet au-dessous des juges.

Et de suite, le dit M. Rozière, a dit qu'il avoit reçu de M. le Ministre de la justice, diverses lois qu'il a remise sur le bureau et dont il a requis la lecture et publication ainsi que la consignation dans le registre qui étoit tenu à cet effet.

Le Tribunal, faisant droit aux requisitions du commissaire du roy, a ordonné la lecture et publication des dites diverses lois et la dite lecture faite a ordonné et ordonne que les dites lois seront consignées de vers le greffe et dans un registre séparé tenu à cet effet, par son greffier, après quoi M. le président a levé l'audience.

ROZIERE,
Commissaire du roy.

Pierre GUYOT,
Président.

CHEVALIER,
Juge.

LAFON,
Greffier.

X

Transfert momentané du Tribunal criminel a Marvéjols (délibération).

Du jeudi vingt-deux mars mil sept cent quatre-vingt-douze, l'an quatrième de la liberté française, à sept heures du matin, dans la salle d'audience du Tribunal du district de la ville de Marvéjols.

Le Tribunal criminel du département de la Lozère, prenant séance, en la ville de Marvéjols ; présents : MM. Pierre Guyot, président; Bancillon et Valette, juges; François Grégoire, homme de loi, assesseur ordinaire du Tribunal civil, dûment invité pour remplacer M. Chevalier, absent; Antoine Delmas, homme de loi, qui ont été légallement appelé pour exercer les fonctions de Commissaire du roy, en l'absence de MM. Rozière et François Dalzan, accusateur public, assisté du sieur Jacques Lafon, greffier du Tribunal.

Un membre a dit que la sédition, les assassinats, les meurtres, les actes de violences qui ont entrés, en la ville de Mende, les 26 et 27e du mois dernier, forcèrent le président du tribunal, l'accusateur public et le greffier à déserter cette ville, pour se mettre à l'abri des persécutions, dont ils étoient publiquement et journellement menacés, que les rassemblements journaliers qui se continuent à Mende, sont des nouveaux motifs qui les empêchent d'aller reprendre leurs fonctions que MM. Valette, Bancillon, juges de service auprès du dit Tribunal qui ne s'étaient absentés que momentanément de Mende, à cette époque,

ayant proposé au président de se rendre sur la nouvelle
des troubles, celuy cy les engagea, à conserver leur tranquillité, jusques à ce que le Tribunal put se former et se
réunir dans toute autre ville du département, qu'instruit
après le Conseil général d'administration du département
convoqué pour le 17 de ce mois, en cette ville de Marvéjols, par M. Chateauneuf-Randon, son président, à l'effet
d'appaiser les troubles, faire renaître la tranquilité, s'est
constistuée, hier, en assemblée généralle d'administration, que les membres du Directoire, chassés par les
troubles et par les persécutions, du lieu de leurs séances,
ont été, provisoirement autorisés à reprendre leurs fonctions, en la présente ville.

Le Tribunal ainsi formé, considérant que les mêmes
motifs qui ont exigés le transport provisoire du Conseil
général d'administration et du Directoire du département,
exigent le transport provisoire de son siège; que jamais
les circonstances n'ont été plus impérieuses; qu'il doit la
plus grande vigilence aux justiciables, pour contenir les
mal intentionnés qui troublent l'ordre de la sureté publique; considérant que l'exercice de ses fonctions est
d'autant plus nécessaire dans les conjectures que les rassemblements sont plus multipliés; considérant, surtout
qu'il ne pourroit les exercer librement, dans la ville de
Mende, principal théâtre de toutes les scènes horribles et
scandaleuses qui désolent le département; que la voy de
la vérité serait même étouffée dans la bouche des témoins
par la crainte qu'inspirent les coupables armés; que, d'ailleurs n'étant pas investi d'une force publique assés considérable pour contenir les séditieux, l'exécution des jugements qu'ils rendent seroit impossible; considérant enfin
que les opérations seroient troublées; que la vie de ses
membres, déjà menacée seroit en danger; que le seul

parti à prendre est de suivre le bon exemple qui lui est donné par le Conseil général d'administration et par le Directoire du département et que, d'ailleurs, par son institution, le tribunal doit siéger dans le même lieu où le Directoire du département tient ses séances.

Le tribunal, ouï le sieur Delmas pour le commissaire du roy en ses conclusions, déclare qu'il tiendra, provisoirement, ses séances, en la présente ville de Marvéjols, dans laquelle siège le Conseil général et le Directoire du département, le tout, sous le bon plaisir de l'Assemblée nationale et du roy.

Charge son président d'écrire, le plutôt possible, tant au sieur Chevalier, juge du tribunal de district de Mende, de service actuel, qu'au sieur Rozière, commissaire du roy, près le tribunal pour les inviter à se rendre à leurs fonctions, au quel effet il sera à chaqu'un d'eux envoyé copie du présent arrêté.

Charge le commissaire du roy, d'envoyer pareille copie au présent arrêté aux commissaires du roy établis près les sept tribunaux civils pour qu'ils n'ignorent point le transport.

Le charge encore d'adresser sans retard, pareille copie au Corps législatif, au roy et au ministre de la justice, de le prier d'avoir pour agréable le présent transport, et de l'autoriser.

Le charge aussi d'adresser pareille copie au procureur général et au procureur sindic des administrations du département et des districts, afin qu'ils puissent faire au tribunal les dénonciations et autres actes qu'ils trouveront convenables.

Charge pareillement le sieur Dalzan, accusateur public, d'en donner, sans retard, connaissance légale à tous les

officiers de police et aux municipalités du département.
Auquel effet ordonne que présent arrêté sera imprimé,
publié, lu et affiché dans chacun des chefs-lieux de canton,
à la diligence des juges de paix, comme officiers de police
et ont signé :

GUYOT,
Président.

DALZAN,
Accusateur public.

BANCILLON; VALETTE; GRÉGOIRE,
Hommes de loy, assesseurs.

DELMAS,
Pour le commissaire du roy.

LAFON,
Greffier.

Jugements contre-révolutionnaires

RENDUS PAR LE TRIBUNAL CRIMINEL DE LA LOZÈRE (1)

I

« Du dimanche second de juin mil sept cent quatre-vingt-treize, l'an second de la République française.

« Au nom de la République, le tribunal criminel a rendu le jugement qui suit :

(1) Les jugements contre-révolutionnaires sont contenus dans deux registres en parfait état de conservation. Le premier renferme 41 jugements ; il fut commencé le 2 juin 1793, an 2, et terminé le 24 messidor, an 2 de la République. Le second fut commencé le 24 messidor an 2, et terminé le 20 floréal an 3, il comprend 12 jugements.

Nous aurions pu les publier tous, mais nous avons pensé qu'une nomenclature trop longue de noms et un récit de faits de même nature, deviendraient fastidieux pour nos lecteurs, aussi nous sommes-nous attachés tout spécialement à la publication des plus intéressants.

Nous devons remercier publiquement M. Coumoul, greffier en chef du tribunal de première instance de Mende, de son obligeance, et les commis-greffiers, MM. Maurin et Gal, du bienveillant concours qu'ils nous ont prêté dans le classement des procédures révolutionnaires.

La période révolutionnaire comprend en effet près de 400 procédures ; les unes complètes, les autres incomplètes ; certaines sont dépourvues de pièces importantes qui, cependant, ont existé, ainsi que l'atteste l'inventaire. Quelques-unes se composent seulement d'une chemise, sur laquelle figurent parfois la requête de l'accusateur public et le nom des accusés. Le plus souvent, les numéros d'ordre ont disparu ; à l'aide du registre des procédures parfaitement intact, nous les avons rétablis dans la mesure du possible. Il serait à désirer que les archives afférentes à la période révolutionnaire fussent mieux conservées et soustraites à la poussière qui les recouvre sur les étagères où elles sont déposées.

« Vu par le tribunal criminel du département de la Lozère, séant à Florac, le procès-verbal de dénonciation du Conseil général du département, en date du 29 mai dernier, la requête présentée par l'accusateur public, ordonnance du Président du 31 mai dernier, mis à suite dont la teneur suit :

« L'an mil sept cent quatre-vingt-treize, le second de la République française, et le vingt-neuf mai, à huit heures du soir, ont comparu devant nous soussignés, membres de l'administration du département de la Lozère, séant provisoirement à Florac, les citoyens Louis, commandant général de la force armée de la Lozère, accompagné des citoyens Gardès, du Mazel, de Mont, capitaine de la garde nationale du canton de Barre, et Gout, officier de la garde nationale du canton de Florac. Lesquels ont dit que l'armée qu'ils avaient conduite sur le causse de Sauveterre, découvrit sur une hauteur une troupe d'hommes armés et portant la cocarde blanche, lesquels pouvaient être au nombre de plus de cent. Ledit citoyen Gardès ayant pris un papier en forme de cocarde et l'ayant attaché à son chapeau, fut au-devant d'eux en leur criant de venir vers l'armée de M. Charrier, à quoi le détachement répondit, et plusieurs vinrent se joindre aux soldats de la République, ayant à leur tête l'un d'eux qui fut embrasser le citoyen Louis qu'il prenait pour Charrier ; le rang s'ouvrit de suite, et ces hommes ayant été enveloppés furent désarmés, sans que leurs camarades s'en aperçussent par le même stratagème, il en vint successivement cinquante-deux qui manifestaient beaucoup de joie de se joindre à l'armée de M. Charrier, mais quelqu'un ayant tiré un coup de fusil, ceux qui restaient encore de cet attroupement furent désabusés et prirent la fuite, de sorte qu'on ne put les attraper, et les autres cinquante-deux ont été amenés par l'armée de la Lozère qui est maintenant en route pour se rendre à Florac, de quoi nous dits administrateurs, nous avons dressé le présent verbal, et ordonnons que lesdits prisonniers seront reçus à la maison d'arrêt de cette ville.

« Signés : J. FRANÇOIS, P. ROUMIEU, COMBET, SERVIÈRE, L'EYRÈS. »

Extrait du procès-verbal
du Conseil général du département de la Lozère,
en permanence provisoire à Florac,
séance du 30 mai 1793,
l'an 2 de la République française.

————

« Un membre a exposé que les cinquante-deux prisonniers amenés hier par la division de l'armée aux ordres du
général Louis, sont entassés dans un appartement infi-
niment trop petit, et où leur santé est visiblement expo-
sée ; que sans doute la municipalité fut surchargée pour
pourvoir aux besoins des troupes dont cette ville était
pleine, l'empêchèrent de veiller à ce que les détenus fussent également secourus qu'il est instan.' de leur faire délivrer des vivres et désinfecter la prison où ils sont renfermés, et enfin de s'occuper de leur jugement.

« L'assemblée après avoir ouï le vice-procureur général
syndic, a arrêté que le citoyen Delapierre, procureur de
la commune, est invité à se transporter de suite aux prisons, d'y donner tous les ordres nécessaires pour qu'il
soit pourvu de suite à la subsistance et aux autres besoins
des personnes qui y sont détenues. 2º Que le citoyen Dalzan, accusateur public, est pareillement invité à faire
incessamment les poursuites nécessaires pour qu'il soit
légalement statué sur le sort de ces détenus, aussi promptement qu'il se pourra.

FRANÇOIS,   GUÉRIN,
Président d'âge,   *Secrétaire général,*
            signés à l'original.

Collationné à l'original : GUÉRIN,
            Secrétaire général, signé. »

————

Aux juges du tribunal
criminel du département de la Lozère, séant
provisoirement à Florac.

———

« L'accusateur public remontre qu'il vient de lui être remis, cette après-midi, un arrêt du Conseil général d'administration du département de la Lozère, daté de hier, dans lequel il est énoncé que cinquante-deux prisonniers ont été conduits le jour précédent dans la prison de Florac ; et l'arrêté porte que l'accusateur public est invité à faire incessamment les poursuites nécessaires pour qu'il soit légalement statué sur le sort de ces détenus aussi promptement qu'il se pourra. Cet arrêté ne contient cependant aucune dénonce contre les gens dont il s'agit qui n'y sont pas même dénommés, et n'exprime point du tout le crime pour lequel ils ont été saisis, ce qui présente une défectuosité qui empêche de reconnaître si la poursuite à faire contre eux est commise par la loi à l'accusateur public ; et si c'est devant le tribunal criminel qu'elle doit être traitée ; cependant, comme ces gens-là ont été conduits dans les prisons de Florac par une division de l'armée du département, ainsi que l'arrêté l'énonce, et comme la voix publique porte qu'ils avaient arboré la cocarde blanche qui est un signe de rébellion, à raison de quoi la loi prononce la peine de mort contre celui qui la portait ; tout comme la voix publique porte que ces gens-là ont été pris les armes à la main, allant joindre les rebelles contre-révolutionnaires conduits par Charrier qui ont déjà commis des ravages dans le département et s'y sont emparés de quelques villes. L'accusateur public requiert qu'il soit de suite procédé par le tribunal à leur interrogatoire, et qu'il soit ordonné qu'il sera procédé contre eux comme étant hors la loi, en vertu de celles rendues récemment contre les contre-révolutionnaires et les révoltés qui ont pris les armes contre la nation et faire justice.

« *L'accusateur public du département de la Lozère,*
« Dalzan, signé.

« Seront de suite interrogés par nous, les prévenus détenus en la maison de justice de Florac, pour d'après les lois des 19, 27, 28 mars et neuvième avril dernier, être définitivement jugés. Florac, le 31 mai 1793, l'an 2 de la République française.

« GUYOT, *président*, signé. »

« Les articles 1, 2, 3, 4, 5 et 6 de la loi du 19 mars dernier, relative aux émeutes et troubles qui ont lieu en raison du recrutement de l'armée, l'article unique de la loi du 10 mai interprétative de celle du 19 mars, la loi du 27 mars, l'article 17 de celle du 8 juillet 1792, la loi du 7 avril 1792 relative au jugement des prévenus d'avoir pris part aux révoltes et émeutes contre-révolutionnaires, celle du 9 avril dernier relative au jugement des prévenus de provocation au rétablissement de la royauté ou d'émeutes contre-révolutionnaires ; les différents interrogatoires subis par chacun des prévenus ci-après nommés individuellement.

« Le Tribunal, considérant que les troubles survenus dans le département ont procuré des rassemblements particuliers dans diverses parties qui ont compromis et compromettent la sûreté publique.

« Considérant que les prisonniers détenus dans la maison de justice de cette ville ont été pris en état de guerre et de rébellion armée et campés en plate campagne, par les troupes de la République.

« Considérant que les principales villes du département ont été envahies et sont tombées au pouvoir des rebelles contre-révolutionnaires.

« Considérant qu'il est instant d'exécuter les lois relatives aux mesures de sûreté générale prises par la Convention nationale, à raison des prévenus qui ont pris part aux révoltes et émeutes contre-révolutionnaires, que les tribunaux criminels sont tenus de se transporter sur les réquisitions des administrateurs du département dans les chefs-lieux de district pour y juger les prévenus desdites révoltes ou émeutes.

« Considérant que toute personne revêtue d'un signe de rebellion, qui l'aura pris à dessein doit être punie de mort ; qu'il est même ordonné à tout bon citoyen de l'arrêter et de le dénoncer sur le champ, à peine d'être réputé son complice.

« Considérant enfin que les prévenus dont il s'agit dans ce moment ont été pris et saisis par les armées républicaines dans des rassemblements de rebelles, armés, pour tenter le rétablissement de la royauté, attroupés hors du territoire de leur canton et de leur district sans réquisition légale des autorités constituées, marchant en attroupement et en armes pour s'aller réunir à l'armée des rebelles qui dévastait la ville de Mende.

« Ouï l'accusateur public, commissaire national, en ses conclusions verbales.

« Le tribunal, jugeant en remplacement du jury militaire, établi par la loi du 19 mars, et qui n'existe point, vu que la colonne est de nouveau en campagne, par ces diverses considérations jugeant en dernier ressort et sans recours à cassation, a déclaré les prévenus ci-après nommés, suspects, coupables et hors la loi, les déclare atteints et convaincus de révoltes et émeutes contre-révolutionnaires, d'avoir provoqué lesdites émeutes et de s'être revêtus d'un signe de rébellion, d'avoir cherché et envahi le territoire de la République, d'avoir provoqué le rétablissement de la royauté par des cris multipliés de : Vive le roi, de s'être répandus dans diverses communes et dans divers cantons pour exciter les citoyens à la désobéissance aux lois et à la révolte, de s'être armés et réunis pour opposer la contre-révolution s'il leur était possible, d'avoir pris le prétexte de la religion et de Jésus-Christ pour se porter à de pareils excès.

« En conséquence, conformément à la loi du 19 mars, articles 1, 4 et 6 de la loi du 27 mars dernier, de l'article 17 de celle du 8 juillet 1792, de l'article 1er de celle du 7 avril 1793, des articles 1er et 3 de celle du 9 du même mois.

« Le tribunal a condamné et condamne les nommés Jean-Joseph Monestier, du lieu de Rausar, maire de la commune de Laval, Jean-Jacques-Philippe Polge, notaire public du lieu de la Malène, Pierre-Jean Fages, du lieu des Monts commune de la Malène, Jean-Baptiste Fages, huissier du tribunal du district de Meyrueis, pour le canton de la Parade, Jean Gal, travailleur de terre du lieu du Pin, commune de Laval, Jacques Brajon, garçon-tailleur, fils à Pierre Jean, du même lieu, Jean-Antoine Monestier, voiturier, dudit lieu, Louis Persegol, du lieu de la Malène, Pierre Fages, tisserand, du même lieu, Jean-Baptiste Bonnet, du même lieu, Antoine Caussignac, du lieu d'Haulterives, commune de St-Chély, François Boyer, fils, à Jean-Pierre, du lieu de Montredout, Jean Ladet, de Priores, commune de Laval, Jean-Baptiste Flouron, d'Alterives, commune de St-Chély, Jean-Baptiste Persegol, fils à Pierre Jean, du lieu de la Malène, Jean-Baptiste Caussignac, trafiquant, du lieu de la Malène, François Persegol, dudit lieu, Jean-François-Maurice Berger, du lieu de Cauquenas, commune de la Malène, Jean Gache, du lieu de Laval, Pierre Vergely, habitant de Cauquenas, commune de la Malène, Antoine Jonquet, de Laval, Etienne-Xavier, de Chanac, habitant de la Malène, Pierre-Jean Gal, dudit lieu de la Malène, Jean Robert, du même lieu, Jean-Baptiste Malafosse, cabaretier, du lieu de Laval, Antoine Bonnemère, valet du citoyen Combettes, du lieu de Perrières, commune de Laval, Antoine Delmas, travailleur de terre, du lieu d'Hautterives, commune de St-Chély, Jean-Baptists Flouron, travailleur de terre, habitant de la Malène, Antoine Fages, d'Hautterives. commune de St-Chély, Etienne Claret, de Bramas, Sac, restant pour Berger, chez Pradal, à Champerboux, commune de Ste-Enîmie, Pierre Bonicel, du lieu de Laval, Antoine Persegol, cadet, du lieu de la Malène, Antoine Teissèdre, du lieu de Rausas, François Pradeilles, du lieu de Montredon, commune de Laval, Pierre-Jean Mougirou, du lieu de Cauquenas, commune de la Malène, Antoine Persegol, du même lieu, Jean-Antoine Arnal, d'Hautterives, commune de St-Chély-du-Tarn, Jean Pradeilles, de la Cairette, commune de la Capelle, Antoine Jonquet, du lieu de Cenaret, paroisse de Barjac, restant pour valet chez Bonnemère, du lieu de Laval, Etienne Méjean, de Sauveterre, restant chez Domeizel, de Champerboux, commune de Ste-Enimie, Jacques Capblat, du lieu de la Malène, Louis Fournier, du lieu de Perrières, Jean Gal, de Langles, commune de la Malène, Pierre Capblat, de la Malène, Guillaume Malzac, restant pour domestique chez Domeizel, de Champerboux, Antoine Ladet, de Laval, Marcelin Persegol, de la Malène, Antoine Seguin, du lieu de l'Acisso, commune de Laval, Antoine Badaroux, de la Croze, commune de St-Georges-de-Lévéjac, Pierre Burlou, du lieu de Champerboux, à être punis de mort, et livrés à l'exécuteur des jugements criminels dans les vingt-quatre heures, le tout conformément aux articles 1, 4, et 6 de la loi du 19 mars, article unique de celle du 27 du même mois, loi interprétative du 10 mai, article 17 de la loi du 8 juillet 1792, article 1 et 3 de la loi du 9 avril dernier, et d'après les dispositions relatives dans celle du 7 du même mois, dont il a été fait lecture, lesquels sont ainsi conçus :

« Art. 1. — Ceux qui sont ou seront prévenus d'avoir pris part aux révoltes contre-révolutionnaires qui ont éclaté ou qui éclateraient à l'époque du recrutement dans les différents départements de la République, et ceux qui auraient pris ou prendraient la cocarde blanche, soit autre signe de rébellion, sont hors de la loi : En conséquence, ils ne peuvent profiter des dispositions des lois concernant la procédure criminelle et l'institution des jurés.

« Art. 4. — Ceux qui ayant portés les armes, ou ayant pris part à la révolte et aux attroupements auront été arrêtés sans armes ou après avoir posé les armes, seront envoyés à la maison de justice du tribunal criminel du département ; et après avoir subi un interrogatoire dont il sera retenu note, ils seront dans les vingt-quatre heures livrés à l'exécuteur des jugements criminels et mis à mort après que les juges du tribunal criminel auront déclaré que les détenus sont convaincus d'avoir porté les armes parmi les révoltés, ou d'avoir pris part à la révolte, le tout sauf la distinction expliquée dans l'article 6 qui suit.

« Art. 6. — Les prêtres, les ci-devant nobles, les ci-devant seigneurs, les émigrés, les agents et domestiques de

toutes les personnes, les étrangers, ceux qui ont eu des
emplois ou exercé des fonctions publiques dans l'ancien
gouvernement ou depuis la révolution, ceux qui auront
provoqué ou maintenu quelques-uns des attroupements et
ceux qui seraient convaincus de meurtre, d'incendie ou de
pillage, subiront la peine de mort. Quand aux autres détenus ils demeureront en état d'arrestation, et il ne sera
statué à leur égard qu'après un décret de la Convention
nationale, sur le compte qui lui en sera rendu.

« Art. unique du décret du 27 mars 1793. — La Convention nationale, sur la proposition d'un membre déclare la
ferme résolution de ne faire ni paix ni trêve aux aristocrates et à tous les ennemis de la révolution ; elle décrète
qu'ils sont hors de la loi, que tous les citoyens seront
armés au moins de piques, et que le tribunal criminel
sera mis dans ce jour en pleine activité.

« Loi interprétative du 10 mai 1793. — La Convention
nationale décrète que les chefs et instigateurs des révoltés
seront seuls sujets à la peine portée par la loi du 19 mars
dernier contre les rebelles.

« Art. 17 de la loi du 8 juillet 1792. — Toute personne
revêtue d'un signe de rébellion sera poursuivie devant les
tribunaux ordinaires ; en cas qu'elle soit convaincue de
l'avoir pris à dessein elle sera punie de mort ; il est
ordonné à tout citoyen de l'arrêter ou de le dénoncer sur
le champ, à peine d'être réputé complice ; toute cocarde
autre que celle aux trois couleurs nationales est un signe
de rébellion.

« Art. 3 du décret du 19 avril 1792. — La Convention
nationale met au nombre des tentatives contre-révolutionnaires, la provocation au rétablissement de la royauté.

« Art. 3 du même décret. — Les tribunaux criminels de
tous les départements de la République sont également
chargés de poursuivre et juger les mêmes délits, dans les
mêmes formes et d'après les mêmes lois et celles précédentes auxquelles il n'a pas été dérogé.

« Article 1er du décret de la Convention nationale du 7
avril 1793. — Les tribunaux criminels seront tenus, sur la

7

réquisition des administrations, de se transporter dans les chefs-lieux de district pour y juger conformément à la loi du 19 mars, les prévenus d'avoir pris part aux révoltes ou émeutes contre-révolutionnaires.

« Art. 2. — Les jugements seront exécutés dans les vingt-quatre heures et sans recours au tribunal de cassation, conformément à l'article 4 de la même loi du 19 mars.

« Art. 3. — Les Directoires de département feront faire par l'intermédiaire des directoires de district toutes les dispositions nécessaires à la tenue des séances des tribunaux criminels ; ils ordonnanceront les états de frais de voyage et transport sur le visa des présidents des tribunaux criminels.

« Ordonne que le jugement sera en exécution desdites lois, mis à pleine et entière exécution dans les vingt-quatre heures, à la diligence de l'accusateur public, et qu'il sera imprimé au nombre de cinq cents exemplaires dont cent placards, pour être envoyé, publié et enregistré dans tous les cantons de son ressort, à la diligence des juges de paix, juges de police, de sûreté, qui en certifieront le tribunal dans quinzaine ; que divers extraits en seront envoyés par l'accusateur public à ses collègues des départements voisins, savoir : de l'Aveyron, du Gard, de l'Ardèche, de la Haute-Loire, du Cantal et de l'Hérault, au ministre de la justice et de l'intérieur, au Président de la Convention nationale, et du Comité du Salut Public, et qu'il certifiera ledit tribunal desdits envois. Déclare les biens des condamnés ci-dessus si aucun en ont, confisqués et acquis à la République, conformément à l'article 7 de la loi du 17 mars dernier.

« Fait et publiquement prononcé en l'audience du tribunal criminel, séant provisoirement avec l'administration du département à Florac, et à l'audience dans la salle du tribunal du district de Florac où étaient présents : Pierre Guyot, président, Louis Bancilhon, juge de service du tribunal de district de Florac, Jean-Pierre Benoît, juge de service et du district de Marvéjols, et Dominique Teissonnière, juge du district de St-Chély, qui ont signé à la minute du présent jugement, ce deuxième juin mil sept cent quatre-vingt-treize, l'an 2 de la République française.

« Signés : Pierre GUYOT,
Président.

BANCILHON, TEISONNIÈRES, BENOIT,
Juges. »

———————

II

« Du vendredi quatorzième juin mil sept cent quatre-vingt-treize, le second de la République française.

« Vu par le Tribunal criminel du département de la Lozère, l'acte d'accusation présenté par l'accusateur public, le onze de ce mois, dont la teneur suit :

« L'Accusateur public remontre que lors du dernier trouble survenu dans ce département, il a été arrêté plusieurs personnes de divers endroits et conduits dans la maison de justice du Tribunal qu'il est important de les entendre. En conséquence il requiert qu'il soit procédé et informé contre eux comme étant hors de la loi, vu qu'ils sont prévenus d'avoir pris part aux révoltes et émeutes contre-révolutionnaires, en conformité de celle des 19 mars et 10 mai, l'ordonnance mise à suite par le président qui ordonne les interrogatoires et les informations, les divers interrogatoires subis par B^te Blanc, autre B^te Blanc, dit la Treille, Etienne Brouet, Michel Roux, Antoine Vidal, François Chalier, Guillaume Bergogne, Pierre Bastide, Antoine Roux fils, Guillaume Malafosse, Antoine Balmager, Jean Condami, Pierre Condami, Jacques Mathieu, Joseph Brieudes, Jean Rouvière, Pierre Persegol, Pierre Paparel, tous de Chanac, Jean Villedieu et Jean Pradal, de Marijoulet. Les onze et douze de ce mois. Les trois cahiers d'informations contenant les dépositions de vingt-deux témoins des treize et quatorze de ce mois. Les articles 1, 4 et 6 de la loi du 19 mars, l'article unique de celle du 10 mai 1793.

« Ouï de nouveau l'accusateur public, en ses conclusions verbales.

« Le Tribunal jugeant en dernier ressort et sans recours à cassation, en exécution de la loi du 19e de mars déclare les sus-nommés suspects et hors de la loi. Et vu ce qui résulte des dits interrogatoires et informations que les sus-nommés ont été induits en erreur, séduits et subornés pour se joindre à l'armée des rebelles, a déclaré acquittés de l'accusation. Relaxe Bte Blanc, cultivateur, autre Bte Blanc, boulanger, Etienne Brouet, fils, Michel Roux, tisserand, Antoine Vidal, tisserand, François Chalier, serrurier, Guillaume Bergogne père, aubergiste, Pierre Bastide, journalier, Antoine Roux fils, tisseur de laine, Guillaume Malafosse, journalier, Antoine Balmager, journalier, Jean Condami, cordonnier, Pierre Condami, cordonnier, tous habitants de Chanac, Jean Pradal, laboureur, et Jean, Vielledent du lieu de Marijoulet de l'accusation et ordonne à cet effet qu'ils seront mis de suite en liberté.

« Et vu ce qu'il résulte des dits interrogatoires et informations, a déclaré Pierre Paparel, de Chanac, atteint et convaincu d'être un instigateur des révoltés de ce département, d'après les dépositions dés 1er, 2e, 3e, 9e, 11e et 15e témoins, Jacques Mathieu, serrurier, atteint et convaincu d'avoir eu des grades dans les dites révoltes et de pillage d'après les dépositions des 12e, 13e et 14e témoins, Pierre Persegol, tailleur d'habits, d'être instigateur et fauteur des révoltes d'après les dépositions des 1er, 2e et 3e et 18e témoins, Joseph Bricude, menuisier, d'avoir distribué les étapes et pris un grade dans l'armée des révoltés, d'après les dépositions des 2e, 3e, 9e et 19e témoins, Jean Rouvière, dit Brugas, tisserand, tous habitants du dit Chanac, d'être l'un des instigateurs et recruteurs de l'armée des rebelles, d'après les dépositions des 2e, 3e, 9e, 13e, 15e et 21e témoins. Les a condamnés et condamne à être punis de mort. Livrés à l'exécuteur des jugements criminels dans les vingt-quatre heures, conformément aux articles 4 et 6 de la loi du

19 mars dernier et à l'article unique de celle du 10 mai aussi dernier, dont il a été fait lecture. Lesquels sont ainsi conçus :

« Art. 4, de la loi du 19 mars. — « Ceux qui ayant porté les armes ou ayant pris part à la révolte ou aux attroupements auront été arrêtés sous les armes ou après avoir posé les armes seront envoyés à la maison de justice du Tribunal criminel du département, et après avoir subi un interrogatoire dont il sera retenu note, ils seront dans les vingt-quatre heures livrés à l'exécuteur des jugements criminels et mis à mort après que les juges du Tribunal auront déclaré que les condamnés sont convaincus d'avoir porté les armes parmi les révoltés ou d'avoir pris part à la révolte le tout sauf la distinction portée dans l'article 6. »

« Art. 6 de la même loi. — « Les prêtres, les ci-devant nobles, les ci-devant seigneurs, les émigrés, les agents et domestiques de toutes ces personnes, les étrangers, ceux qui ont eu des emplois ou exercé des fonctions publiques dans l'ancien gouvernement, ou depuis la révolution, ceux qui auront provoqué ou maintenu quelques-uns des attroupements, des révoltes, les chefs, les instigateurs, ceux qui auront des grades dans ces attroupements, et ceux qui seraient convaincus de meurtre, d'incendie ou de pillage, subiront la peine de mort. »

« Art. unique de la loi du 10 mai. — « La Convention nationale décrète que les chefs instigateurs des révoltés seront seuls sujets à la peine portée par la loi du 19 mars contre les rebelles. »

« Ordonne qu'à la diligence de l'accusateur public, le présent jugement sera mis en exécution, déclare les biens des dits Rouvière, Brieude, Paparel, Persegol et Mathieu confisqués et acquis à la République, en conformité et sous les charges portées par l'art. 7, de la loi du 19 mars.

« Et encore, vu ce qui résulte des dites informations, le tribunal a ordonné et ordonne que les nommés Placide Monestier, de Rosas, Boissonnade dit Lafage, d'Auxillac, l'abbé Fages, des Monts, Bonnet aîné, de la Malène, l'abbé Vidal, de Mende, l'abbé Paparel, ci-devant curé à Vabres,

Rascalou fils, Dupont Pierre, Paparel père, de Ressouche, Rabier aîné, du Cros, Blanc, de Ressouche, Palmier dit Ferme, de Chanac, l'abbé Gal, du dit lieu, Bergougne dit Delroc ci-devant gendarme, Joseph Antoine et Guillaume Giscard frères, B^te Balmelle dit Antoine, de Chanac, Jean Carteyrade de la Noujarède. Les nommés Pierret, cordonnier, Brieude père, l'abbé Paparel, ci-devant vicaire à Javols, les deux fils de Blanc, de Ressouche, Nègre, ci-devant juge de paix de Chanac, Seguret et Plombat fils, de Saint-Geniez, Jacques fils, de Teissonnière, Cotet, de Carbussel, Veyssier, de Marvéjols, Charles Bourillon fils, de Mende, ci-devant abbé, Jean-Antoine Laurent, dit Cossinel, de Chanac, Sabastieul cadet, de Chanac, Brouet père, Charles Bruel, gendarme à la résidence de Nasbinals, et René du Parc, de Mende, seront pris et saisis au corps, conduits sous bonne et sûre garde en la maison de justice du Tribunal pour leur procès leur être fait et parfait, et ne pouvant être pris, leurs biens seront saisis et annotés mis sous la main de la loi, et après les formalités requises le procès sera instruit et jugé par contumace.

« Donné et publiquement prononcé en l'audience du Tribunal où étaient présents : Pierre Guyot, président, Louis Bancilhon et J^n-B^te Fillon, juge de service, et Sylvestre Toquebœuf, juge du district de Mende, prié et requis en l'absence de Jean-Pierre Benoit, lesquels ont signé la minute du présent jugement. Ordonne que le présent jugement sera imprimé, lu, publié et affiché dans tous les cantons de son ressort à la diligence de l'accusateur public et des juges de paix, officiers de police, qui seront tenus d'en certifier le tribunal dans quinzaine. »

« Signé : GUYOT,
Président.

BANCILHON, FHILLON, TOQUEBŒUF,
Juges.

RENOUARD,
Greffier. »

III

« Du dit jour :

« Vu par le Tribunal criminel du département de la Lozère, la dénonciation à lui faite ce jourd'hui par le Conseil général d'administration contre Pierre Gigouzac, prêtre, ci-devant vicaire de Fontanes, district de Saint-Chély, originaire de Belviala, commune de de Grandieu, district de Langogne; Jean Antoine Chardon, prêtre, ci-devant vicaire de la paroisse d'Arzenc, originaire du lieu de la Rochette-Chaille, commune de Pierrefiche, au même district. Et contre Gratien Jourdié, prêtre, originaire et ci-devant vicaire de la ville de Sévérac, restant au lieu Dinon, district de Meyrueix.

« Les interrogatoires prêtés par le dit Jourdié les 12 et 13 du présent mois devant les citoyens Valette et Durand, administrateurs du département, ceux des dits Gigouzac et Chardon devant les dits Valette, Durand et Malachane en date du 13. Les procès-verbaux de capture des dits Chardon, Gigouzac et Jourdié, et de leur remise en la maison de justice.

« Ouï l'accusateur public en ses conclusions verbales qui a requis l'exécution de la loi du 18 mars dernier.

Le Tribunal jugeant en dernier ressort et sans recours à cassation, en remplacement du jury militaire qui n'existe point, déclare qu'il est constant que les dits Jourdié, Gigouzac et Chardon en leur qualité de fonctionnaires publics étant sujets à la loi de déportation, ont été arrêtés sur le territoire de la République après les délais fixés par la loi du 19 mars.

« En conséquence a condamné et condamne les dits Pierre Gigouzac, Jean-Antoine Chardon et Gratien Jourdiés à être punis de mort et livrés à l'exécuteur des jugements criminels dans les vingt-quatre heures, conformément à l'article 2 de la dite loi du 18 mars dernier dont il a été fait lecture, lequel est ainsi conçu : « Les émigrés et les prêtres dans le cas de déportation qui auront été arrêté, huitaine après la publication du présent décret seront ensuite conduits dans les prisons du district, jugés par un jury militaire et punis de mort dans les vingt-quatre heures. »

« Ordonne que les biens des dits Chardon, Gigouzac, et Jourdié sont acquis à la République, conformément à la loi du 28 mars dernier, art. 1er, et à l'art. 2 de la loi du 10 mars dont il a été aussi fait lecture, lequel est ainsi conçu : « Les biens de ceux qui seront condamnés à la peine de mort, seront acquis à la République. »

« Comme aussi que le présent jugement sera mis à la diligence de l'accusateur public, imprimé et affiché dans les divers cantons de son ressort.

« Fait à Mende, le vendredi quatorzième mai mil sept cent quatre-vingt-treize, l'an deuxième de la République, en l'audience du Tribunal où étaient présents : Pierre Guyot, président, Louis Bancillon, Jean-Baptiste Filhon et Sylvestre Toquebœuf, qui ont signé la minute du présent jugement avec le greffier. »

« Signés : P. GUYOT,
Président.

BANCILLON, FHILLON, TOQUEBŒUF,
Juges.

RENOUARD,
Greffier. »

IV

« Du dix-neuvième juin mil sept cent quatre-vingt-treize et le second de la République française.

« Par devant les juges composant le tribunal du département de la Lozère et dans la chambre du Conseil, heure de quatre de l'après-midi, en présence de l'accusateur public, assisté de Pierre Renouard, greffier.

« Vu par le Tribunal criminel du département de la Lozère, le procès-verbal d'arrestation et d'interrogatoire subi par Jean Avinens, se disant propriétaire foncier du lieu et paroisse de Saint-Chély du Tarn, par devant le citoyen Chaz, juge de paix et officier de police du canton de Cubières, le 14 de ce mois, le mandat d'arrêt décerné le même jour par le dit juge de paix contre le dit Jean Avinens au passeport de la municipalité de Saint-Chély du 20 mai dernier, vérifié et certifié le 22 de ce même mois par les administrateurs du directoire du district de Meyrueis; autre interrogatoire subi par le dit Avinens devant le directeur de jurés de Villefort, le 16 du même mois, dans lequel il déclare s'appeler Jean Las Huttes, médecin de Montpellier, originaire d'Arzillier, département de l'Hérault, autre interrogatoire subi devant nous le jour d'hier par le dit Las Huttes, la requête en plainte présentée au tribunal par l'accusateur public ce jourd'hui contre le dit Jean Las Huttes, médecin, comme complice des contre-révolutionnaires, de Charrier, Saillans, Lougeon, Soulier, prêtre, Allier, ci-devant prieur de Chambonnas, chef de bande des rebelles tant à Rieutord qu'en la ville de Mende, prévenu de conspiration et de troubles contre-révolutionnaires et dont la teneur suit. La dite requête est en suite du jugement, notre ordonnance de ce jourd'hui, portant enquis le cahier d'informations, recueillies par Fillon, l'un de nous, les conclusions écrites de l'accusateur public.

« Le Tribunal, considérant que le dit Jean Las Huttes
s'est rendu coupable de faux en prenant le nom de Jean
Avinens (1) et d'après les aveux par lui faits dans son interrogatoire que depuis environ un an et demi le dit Las
Huttes n'a cessé de former de conspirations contre la
liberté, d'exciter le peuple à la révolte, de préparer par
des émeutes contre-révolutionnaires diverses insurrec-
tions, qu'à cet effet il a quitté la ville de Montpellier où il
habitait et dans laquelle il était très suspecté, pour se rendre à Villefort, se répandre dans les campagnes du département, exciter les peuples à la désobéissance et à la contre-révolution, fait des rassemblements, combattu les
troupes républicaines à Rieutord de Randon, le 27 mai
dernier.

« Que peu content de s'être réuni au traître Saillant dans
les plaines de Jalez et au camp de Baunes à raison de quoi
il a été déjà décrété d'accusation par l'Assemblée législative il ne cessa de provoquer par ses discours incendiaires
et ses menées les citoyens à la contre-révolution.

« Qu'il s'est réuni à l'exécrable Charrier dans cette ville
de Mende avec une bande de brigands le 28 mai dernier.

« Qu'il s'est glorifié d'être un des principaux chefs de
ces scélérats, et avait promis à certains citoyens de cette
ville protection et sûreté comme étant un des principaux
chefs de la troupe qu'y venait d'y arriver.

« Qui a favorisé les complots et la conspiration du dit
Charrier en lui aidant à envahir cette ville et autres lieux
du dit quartier qui a occasionné divers meurtres et des
pillages.

« Ouï, de nouveau, l'accusateur public.

(1) Il fut arrêté à Altier, commune de Villefort (Lozère) et conduit à Mende le 14 juin 1793. Il déclara devant le juge de paix du
canton de Cubières qu'il s'appelait Chas, et qu'il était originaire
du lieu et paroisse de Saint-Chély, du Tarn, et, à cet effet, il
exhiba un passeport en règle, mais complètement faux, devant le
juge de paix de Villefort, il dit qu'il se nommait Lazutes, il re-
connut également avoir exercé la médecine dans cette localité et
s'être fait appeler Avinens.

« Déclare le dit Jean Las Huttes originaire d'Arzillier, district de Lodève, département de l'Hérault, docteur en médecine de la faculté de Montpellier, suspect, contre révolutionnaire et hors la loi. Et vu ce qui résulte des différentes pièces du procès, notamment des interrogatoires par lui prêtés et des dépositions des 6°, 7°, 8°, 9°, 13° et 14° témoins de l'information et continuation faite ce jourd'hui par devant Fillon, l'un de nous a déclaré et déclare le dit Jean Las Huttes atteint et convaincu de conspiration contre la liberté et la sûreté publiques d'avoir pris les armes, formé des attroupements et des émeutes contre-révolutionnaires, d'avoir provoqué et maintenu plusieurs attroupements des révoltés, d'en avoir été l'un des principaux chefs et instigateurs, d'avoir livré batailles aux troupes patriotes, d'avoir provoqué les rebelles au meurtre, et au pillage, d'avoir malicieusement fabriqué un passeport et certificat.

« En conséquence le Tribunal, jugeant en dernier ressort et sans recours à cassation, en exécution des lois des 19, 27 mars et 10 mai dernier, a condamné et condamne le dit Jean Las Huttes, médecin, à être puni de mort et livré dans les vingt-quatre heures à l'exécuteur des jugements criminels, conformément aux articles 4 et 6 de la dite loi du 19 mars, et à l'article unique de celle du 10 mai aussi dernier dont il a été fait lecture.

Déclare les biens du dit Las Huttes confisqués et acquis à la République en conformité et sous les charges portées par l'art. 7 de la dite loi du 19 mars dernier dont il a été fait lecture.

Fait en l'audience du tribunal criminel où étaient présents : Pierre Guyot, président ; Louis Bancilhon ; Jean-Pierre Benoit et Jean-Baptiste Filhon, juges, qui ont signé la minute du présent jugement avec le greffier. »

« Aux juges du Tribunal criminel du département de la Lozère, séant à Mende.

« L'accusateur public remontre que Jean Las Huttes, médecin de Montpellier, qui a été interrogé hier par le Tribunal, est un des plus ardents conspirateurs et des plus acharnés de tous ceux dont les complots ont souillé le territoire du département de la Lozère. Sa haine contre la révolution lui fit quitter, en 1791, la ville de Montpellier où il habitait, et comme les malintentionnés de la ville de Mende y faisaient dominer les mauvaises dispositions, il s'y rendit ainsi que plusieurs autres scélérats très connus tels que Lougeon, commissaire au tribunal du district du Vigan, Soulier, prêtre, ci-devant curé de Colognac et autres, il fut ensuite avec la plupart de ses consorts à Villefort, autre foyer de contre-révolution où il séjourna quelque temps, il fut un des plus ardents promoteurs des manœuvres du scélérat du Saillant, il était ainsi que le ci-devant prieur de Chambonnas, Allier, un des principaux chefs de la tourbe criminelle qui infestait la contrée de Jalez, de Bannes et de Saint-André-de-Cruzeire comme cela se voit par les diverses pièces qui en sont émanées et qui toutes présentent le nom et la signature de Las Huttes médecin, député de Montpellier, pièces que l'administration du département de l'Ardèche a fait imprimer et qui par là forment un recueil dont un exemplaire est joint à la présente requête, c'est pour cette cause que Jean Las Huttes se trouve compris dans le décret d'accusation porté par l'Assemblée législative contre les conspirateurs au nombre desquels il se trouvait, ses mauvaises intentions ne se sont pas ralenties tout comme ses intelligences et ses correspondances criminelles n'ont pas cessé depuis, attendu qu'il était à Rieutord-de-Randon le 27 mai dernier un des chefs de la bande qui s'y formait pour aller se joindre à Charrier, lorsqu'il fut livré un combat contre elle par le détachement qui revenait du district de Saint-Chély à Mende, composé de trois compagnies des volontaires de l'Ardèche, des gardes nationales de Florac et de Mende et d'une trentaine de gendarmes du département de la Haute-Loire et qui à la suite de ce combat dans lequel trente ou quarante des rebelles furent tués et vingt-un furent pris, Las Huttes vint à Mende avec le reste de sa bande et se joignit à Charrier dans cette ville où il était un des chefs principaux.

« L'accusateur public requiert en conséquence qu'il soit informé et procédé contre Jean Las Huttes, médecin de Montpellier comme étant hors la loi, conformément à celle des 19 mars dernier et autres subséquentes, puisqu'il est prévenu d'être un des chefs et auteurs des conspirations et des troubles contre-révolutionnaires et faire justice.

« L'accusateur public de la Lozère : Dalzan, signé. »

« Soit enquis par devant nous contre les prévenus en la forme prescrite par la loi du 19 mars dernier et 19 juin 1793

« L'an 2 de la République française. Guyot, président, signé. »

« Signés : P. Guyot,
Président.

Bancillon, Benoit, Filhon,
Juges.

Renouard,
Greffier. »

V

« Ce jourd'hui vingt-unième juin mil sept cent quatre-vingt-treize, la seconde de la République française. Par devant les juges composant le Tribunal criminel du département de la Lozère séant à la ville de Mende; et dans la chambre du Conseil, heure de quatre après midi, en présence de l'accusateur public assisté de Pierre Renouard, greffier. »

« Vu par le tribunal criminel la requête à lui présentée le 12 du courant par l'accusateur public, dont la teneur suit :

« Aux juges du Tribunal criminel du département de la Lozère. L'accusateur public remontre que depuis huit jours il n'a cessé de rechercher les renseignements pour connaître ceux qui ont concouru aux criminels attentats

de Charrier, comme chefs instigateurs et fauteurs en
formant des rassemblements, en conduisant les bandes
de la troupe de ce scélérat, et en s'y joignant. Quels sont
parmi les habitants de Mende ceux qui ont dirigé et conduit des gens de cette troupe pour commettre des dilapidations, des pillages et des brigandages, soit dans les
établissements publics, soit dans les habitations de divers
citoyens, ainsi que ceux qui ont recelé les effets provenant du pillage et du brigandage, toutes les informations
qu'il a reçues désignent parmi les premiers grand nombre
de prêtres réfractaires, entre autres un frère de Charrier
ci-devant curé de Malbouzon, dans le canton de Nasbinals,
le nommé Boissonnade la Fage, du lieu d'Auzillac, commune de Salmou ; René Duparc, ancien domestique de
Castellane, ci-devant évêque de Mende, Placide Monestier
du lieu de Rauzas, commune de Laval ; Malzac de Mon-
tignac, commune de la Malène ; Bergougne de Chanac,
ci-devant gendarme déserteur de l'armée du Rhin ; Joseph
Giscard et autres. Que parmi ceux qui ont dirigé à Mende
les dilapidations, le pillage et le brigandage, le fils aîné
de Renouard, notaire public de Mende, est principalement
désigné et qu'on désigne encore à ce sujet Gilbert Brajon
et surtout Renouard, notaire public, père du sus-nommé,
et ses trois filles, chez qui on a vu des effets provenant du
pillage et du brigandage. Renouard père et ses trois filles
accusés par la voix publique furent même saisis, mis en
état d'arrestation et restèrent quelques jours détenus. La
municipalité de Mende ou le juge de paix avec elle, avait
auparavant mis sous scellé, l'étude du dit Renouard père,
notaire public, et il n'a pas été procédé à la levée des
scellés. L'accusateur public ne sait pas encore par quel
ordre le père et les trois filles ont été mises en liberté.
Comme il est très important à punir ceux qui se sont rendus coupables des criminelles œuvres dont il s'agit, qui
sont tous hors de la loi, comme ennemis de la révolution
et de la république, et de s'assurer de ceux qui sont indi-
qués en les mettant en état d'arrestation, tout comme il
importe de constater ce qui a été dilapidé et enlevé des
dépôts publics, tels que le greffe du tribunal, celui des
tribunaux du district. Le dépôt de l'administration du
département et des administrations du district.

« L'accusateur public requiert le Tribunal de mettre tous les sus-nommés en état d'arrestation, en ordonnant qu'ils seront pris et saisis au corps et qu'à défaut il sera procédé contre eux en leur absence comme s'ils étaient présents et que leurs biens seront séquestrés. Requiert d'être autorisé à réclamer de la municipalité ou du juge de paix le procès-verbal d'apposition des scellés à l'étude du dit Renouard père, et qu'il soit ensuite procédé à la levée de ce scellé ainsi qu'à la reconnaissance et si besoin est à l'inventaire des effets et papiers qui sont dans l'étude, en appelant deux membres de la municipalité pour être présents à cette opération à moins que le Tribunal ne juge plus à propos de charger le juge de paix de la faire en présence de deux membres de la municipalité. Requiert encore que le Tribunal constate par un procès-verbal tout ce qui a été dilapidé et enlevé de son greffe. Et qu'il prenne un arrêté pour inviter l'administration du département et les administrations des district de Mende et de Marvejols, ainsi que les tribunaux civils de ces deux districts à constater ce qui a été dilapidé et enlevé de leur impôt et de leur greffe et qu'il les invite encore à lui transmettre leurs procès-verbaux et à donner des renseignements à ce sujet à l'accusateur public et vous faire justice. A Mende, le 12 juin 1793. L'an deux de la République.

« L'accusateur public du département de la Lozère,

DALZAN, signé. »

« L'ordonnance mise à suite par le Tribunal portant prise de corps entre autre contre Renouard père et ses trois filles ; la remise des dits Renouard père et filles en la maison de justice ; le procès-verbal de la levée des scellés et inventaire des effets et papiers trouvés chez les Renouard en date du 17 de ce même mois. Les interrogatoires subis par Pierre Renouard père le 17, par Françoise Renouard fille aînée, Louise Renouard fille cadette, et Henriette Renouard fille troisième au dit Renouard, le 18 de ce mois. Le cahier d'informations contenant les dépositions de vingt-trois témoins des 19, 20 et 21 de ce mois. Les dites dépositions reçues par Bancillon l'un de nous. Autre cahier contenant une déposition, reçue par le président, le 20 du

même mois, dix autres dépositions en ceder volontés en
date des 19 et 20 de ce mois reçues par Benoit l'un de
nous, autre cahier contenant les dépositions de vingt-deux
témoins en date des 19 et 21 de ce mois reçues par Filhon.

« Ouï de nouveau l'accusateur public en ses conclusions
verbales qui a conclu au relaxe des dits Renouard père et
filles par défaut de preuves.

« Le Tribunal jugeant en dernier ressort, en exécution à
l'article 3 de la loi du 19 mars dernier a déclaré et déclare
que les faits dont été accusés Pierre-Antoine Renouard
notaire public, Françoise Renouard sa fille aînée, Louise
Renouard sa fille cadette et Henriette Renouard sa troisième fille ne sont pas constants.

« En conséquence de ce qui résulte des susdits interrogatoires et entières informations, en exécution de l'art. 1 de
la loi du 29 septembre 1791 dont il a été fait lecture et
lequel est ainsi conçu : « Lorsque l'accusé aura été déclaré
non convaincu, le président prononcera qu'il est acquitté
de l'accusation et ordonnera qu'il soit mis sur le champ en
liberté, » a déclaré et déclare les dits Renouard père et
filles acquittés de l'accusation contre eux portée par l'accusateur public, a ordonné et ordonne que les dits : Pierre-
Antoine Renouard père, Françoise, Louise et Henriette
Renouard filles, seront mises sur le champ en liberté, et
que par un huissier du tribunal il sera fait à la diligence
de l'accusateur public mention du présent jugement sur
la marge de leurs écrous.

« Ordonne que le présent jugement sera imprimé, lu,
publié et affiché dans tous les cantons de son ressort, à la
diligence des juges de paix, officiers de police qui en certifieront le tribunal dans quinzaine.

« Fait et publiquement prononcé à Mende en l'audience
du Tribunal où étaient présents Pierre Guyot, président,
Louis Bancillhon, Jean-Pierre Benoit et Jean-Baptiste
Filhon, juges, lesquels ont signé la minute du présent
jugement avec le greffier.

« Signés : Pierre Guyot, président;
Bancillon, Filhon et Benoit, juges;
Renouard, greffier. »

VI

« L'an mil sept cent quatre-vingt-treize, le second de la République française une et indivisible et le vingt-deuxième jour du mois de juin, avant midi, par devant nous, Pierre Guyot, président du Tribunal criminel du département de la Lozère, séant en la ville de Mende, Louis Bancillon, Jean-Pierre Benoit, et Jean-Baptiste Filhon, juges de service ce présent trimestre, et dans la chambre du Conseil en présence de l'accusateur public, assistés de Renouard, greffier.

« Vu, par le Tribunal criminel du département de la Lozère, la requête en plainte donnée par l'accusateur public, le onze de ce mois, dont la teneur suit :

« L'accusateur public démontre qu'aux sujets des troubles contre-révolutionnaires qui agitaient il y a peu de jours ce département et pendant lesquels les rebelles se sont livrés aux dilapidations, aux atrocités de toutes espèces et au meurtre, des prévenus de diverses parties du département ont été séduits et conduits dans la maison de justice de Mende, où leur nombre est assez considérable et qu'il importe de les entendre, l'accusateur public requiert encore qu'il soit informé et procédé contre eux comme étant hors de la loi, conformément à celles du 19 mars et 10 mai dernier, attendu que le crime dont ils sont inculpés est d'avoir pris part aux révoltes contre-révolutionnaires, aux meurtres et aux pillages, et faire justice. L'accusateur public, Dalzan, signé.

« L'ordonnance mise à suite par le président, laquelle ordonne les interrogatoires subis devant les juges par Pierre Piquet, garçon serrurier, Giral Magnac dit Lesquiffe, couvreur, Jean Lacombe, tisserand, Antoine Porte, cordonnier, Guillaume Raymond, tourneur, Jean Tourrenc, tisserand; Pierre Sabatier, tisserand, Jean Veyrunc, domestique, Mathieu Rocher, aussi domestique du ci-devant prieur d'Angles, Jean Lamat, travailleur de terre, Jean-Baptiste Crespin, cellier, Jean Broca, imprimeur,

8

Victor Trousselier, jardinier, tous habitants de Mende, et Jean-Baptiste Bonnal, de l'Espinas, commune de Servière, Joseph Rabier de Chanac, comme Alla d'Auzillac, Philippe Amouroux, maçon, de Mende, Antoine Delmas, Joseph Teissèdre et Pierre Magot, cultivateur, de Grandviala, commune de La Fage, Montivernoux, et Marie Méjean de Chanac, les dits interrogatoires en date des 7, 11, 17 et 22 de ce mois. Le cahier des informations contenant les dépositions de septante-un témoins, en date des 19, 20, 21 et 22 de ce mois, les articles 1, 4 et 6 de la loi du 19 mars dernier et l'article unique de celle du 10 mai aussi dernier.

« Ouï de nouveau l'accusateur public en ses conclusions verbales.

« Le tribunal jugeant en dernier ressort et sans secours à cassation en exécution de la dite loi du 19 mars, déclare les susnommés, suspects et hors de la loi, et vu ce qui résulte des dits interrogatoires et informations que plusieurs des sus nommés ont été induits en erreur, forcés, séduits ou subornés pour se joindre à l'armée des rebelles et qu'ils ne sont ni chefs, ni instigateurs de troubles, a déclaré acquittés de l'accusation. Joseph Rabier de Chanac, comme Alla d'Auzillac, Philippe Amouroux, maçon, de Mende, Antoine Delmas, Joseph Teissèdre et Pierre Magot, cultivateurs, de Grandviala, commune de La Fage, Montivernous et Marie Méjean de Chanac, Jean Lacombe, Antoine Porte, Guillaume Raymond, Jean Tourrenc, Pierre Sabatier, Jean Broca, Jean Veyrune, Mathieu Roche, Jean Lamat, Victor Troussellier, et Jean-Baptiste Crespin, cellier, ordonne à cet effet qu'ils seront élargis de suite et mis en liberté, exception faite de Jean-Baptiste Crespin qui, quoique acquitté de l'accusation, demeurera en état d'arrestation, en vertu des précédentes ordonnances du tribunal, contre les signataires de la délibération du conseil général de la commune de Mende, du 18 mars 1792.

« Ordonne qu'il sera plus amplement informé contre Jean-Baptiste Bonnal, de l'Espinas, commune de Servière, déserteur de recrutement du 24 février.

« A déclaré et déclare Pierre Piquet, serrurier, et Giral Magnac dit Lesquiffe, couvreur, atteints et convaincus d'avoir été chefs et instigateurs dans l'armée des révoltés commandée par l'infâme Charrier savoir le dit Piquet d'après les dépositions des 3e, 25e, 26e, 27e et 66e témoins des informations et le dit Magnac dit l'Esquiffe d'après les dépositions des 4e, 5e, 8e, 25e, 26e, 30e, 35e, 40e, 43e, 46e, 49e, 50e, 52e, 65e et 66e témoins, les condamne en conséquence à être punis de mort, livrés à l'exécuteur des jugements criminels dans les vingt-quatre heures conformément aux articles 4 et 6 de la loi du 19 mars dernier et à l'article unique de celle du 10 mai aussi dernier dont il a été fait lecture.

« Ordonne qu'à la diligence de l'accusateur public, le présent règlement sera mis en exécution ; déclare les biens des dits Piquet et Magnac confisqués et acquis à la République, en conformité et sous les charges portées par l'art. 7 de la dite loi du 19 mars dont il a aussi été fait lecture.

« Et encore, vu ce qu'il résulte des dites informations, le tribunal a ordonné et ordonne que les nommés Deslonds cadet dit l'Émigré, de Mende, Claude Passebois, de Roufliac, le ci-devant abbé Borrel, de Mende, Paradan dit Bidet, la femme de Grousset cadet, cordonnier, Benoit gendre de Coulomb, Michel Méjean, Chabrol, apothicaire, Broués dit St-Jean gendre de Lauraire, Chevalier dit Picard aîné, Victor Colier fils de Pierre Jean, tous de Mende, Jean d'Auvergne, de la Malène, les deux fils de Montginoux, de Cauquenas, La Chaumette, Des Fages frères, de la Malène, Jourdan fils d'Alteyrac, les deux frères Delmas, dit Caliayre, de Crouzets, le nommé Basche, de St-Geniest, dans l'Aveyron, et Jacqueton fermier de las Crottos, commune d'Esclanèdes, seront pris et saisis au corps, conduits sous bonne et sûre garde en la maison de justice du tribunal pour leur procès leur être fait et parfait et ne pouvant être pris, leurs biens seront saisis et annotés et mis sous la main de la loi et après les formalités requises leur procès sera instruit et jugé par contumace.

« Ordonne que le présent jugement sera imprimé, lu, publié et affiché dans tous les cantons de son ressort à la diligence de l'accusateur public et des juges de paix, officiers de police qui seront tenus d'en certifier le Tribunal dans quinzaine.

« Fait et publiquement prononcé en l'audience du tribunal les susdits jour, mois et ans que dessus, présents : Pierre Guyot, président, Louis Bancillon, Jean-Pierre Benoit et Jean-Baptiste Filhon, juges, qui ont signé la minute du présent jugement ainsi que le greffier.

« Signés : Pierre GUYOT, Président;

BANCILLON, BENOIT, FILLON, Juges;

RENOUARD, Greffier. »

VII

« Ce jourd'hui vingt-quatrième Juin mil sept cent quatre-vingt-treize, le second de la République française une et indivisible.

« Vu par le tribunal criminel du département de la Lozère l'extrait du procès-verbal du Conseil général d'administration en date du 19 de ce mois portant que le citoyen Hébrard, (1) officier municipal, sera de suite mis en état d'arrestation, et la dénonciation de faits ci-dessus faite à l'accusateur public avec une note des témoins pour y être poursuivi en la forme de droit; la note des témoins non

(1) Nous croyons intéressant pour nos lecteurs de connaître le mémoire que le citoyen Hébrard adressa à ses juges. La longueur de ce document ne nous permet pas de reproduire le mémoire qu'il fit également parvenir aux représentants du peuple : Chateauneuf de Randon et Mialhe.

signée mais remise avec le dit arrêté, la requête en plainte de l'accusation publiée, dont la teneur suit.

« Aux juges du tribunal Criminel, séant à Mende, du
département de la Lozère.

« L'Accusateur public remontre qu'il lui a été remis
un arrêté du Conseil administratif du département, en
date du 19 de ce mois, contenant dénonciation de sa part
de certains faits y énoncés à raison desquels le citoyen
Hébrard, apothicaire, officier municipal de la ville de Mende, est inculpé.

Mémoire justificatif de ma conduite privée et publique.

« Citoyens mes juges,

« J'ai à vous présenter le tableau de ma vie, daignez
le lire et jugez-moi. J'ai toujours été un ami zélé de la
Constitution, j'en atteste tous mes concitoyens et je défie
qu'un seul puisse prouver de ma part la moindre marque
d'aristocratie et d'incivisme.

« Je n'ai jamais cessé de combattre le fanatisme et
l'aristocratie, j'ai prêché ouvertement la soumission aux
lois, j'ai plus fait j'en ai donné l'exemple.

« Dans l'affaire du 26 février 1792, ai-je pris les armes?
non, j'ai secouru les malheureuses victimes des fureurs
de l'aristocratie ; je fus le premier à secourir l'infortuné
soldat de Lyonnois assassiné. Je blâmai hautement la
conduite de mes compatriotes et manquai d'en être victi-
me.

« Lorsque Lyonnois revint chercher le département,
je fus le seul qui tins ma boutique ouverte ainsi que ma
maison où officiers et soldats vinrent se rafraîchir.

« Les patriotes étaient en prison, il était dangereux
de les visiter, cependant j'y volais je leur portai des secours, je nourri pendant quatre jours Chazalette et les
autres victimes reçurent de moi toutes sortes de consola-
tions ce qu'ils attesteront avec plaisir comme avec vérité.

« La société des amis de la Liberté et de l'Égalité a reconnu en moi un frère zélé et toutes les délibérations ont reçu ma signature.

« Si mes concitoyens n'avaient pas reconnu mon civisme, et comme ma vie privée et publique, ils ne m'auraient pas appelé à l'honorable fonction d'officier municipal.

« Lors du recrutement, j'ai été un des premiers à m'exposer aux plus grands périls pour engager la jeunesse à se soumettre à la loi et adopter le mode qui eut lieu; les citoyens de la commune de Badaroux égarés, ne voulaient point remplir le vœu de la loi, j'y courus, je leur fis connaître leur tort, j'y restais quatre jours et je parvins à leur faire remplir leur contingent, je gagnai leur estime et je la possède encore, l'administration supérieure y envoya un prêtre et un commissaire, je les y accompagnai avec toute ma famille pour leur donner l'exemple.

« Si je n'avais pas été en ville lors de l'arrivée des troupes du Cantal et de la Haute-Loire, Mende aurait été saccagée et peut-être brûlée, l'avant-garde de ces patriotes volontaires ayant été repoussée par cinq coups de fusils tirés par les brigands, chargea ses canons à boulets et les braqua sur ma patrie, ils allaient faire feu lorsque je parus revêtu de mon écharpe, ainsi que mes collègues, et nous parvînmes à préserver Mende du danger qui la menaçait. L'orgue de la Cathédrale eût été brisé sans moi, les brigands avaient déjà enfoncé deux portes lorsque j'arriva, je les fis refermer par Jourdan, serrurier, en présence de Noël, valet de ville, et le sauvai par ce moyen à la destruction. Les ornements de la Cathédrale eussent été exposés par la bande à Charrier sans ma surveillance, témoin le jour du sacristain.

« Citoyens mes juges, si j'ai eu des accusateurs, si vous avez entendu des témoins qui aient pu me charger, je vous prie de vouloir bien s'il en est besoin entendre ceux qui se présenteront pour ma justification, et plus de soixante paraîtront devant vous si vous le jugez nécessaire.

« Votre équité me rassure et tout me fait exposer que le glaive de la loi levé pour les coupables ne s'apesentira pas sur moi.

« Tel est ma conduite, vous daignerez me rendre justice, et ma reconnaissance sera aussi grande que mon admiration pour votre civisme et votre humanité.

« HÉBRARD AP.

« Du 23 Juin 1793 l'an 2e de la République française. »

« Comme ces faits présentent des dispositions et des démarches contre-révolutionnaires, et même une trahison contre sa patrie, l'accusateur public requiert que le citoyen Hébrard qui est en état d'arrestation dans la maison de justice soit interrogé et qu'il soit de suite informé et procédé contre lui comme étant hors de la loi suivant les formes prescrites par celles du 19 mars dernier, puisque les aristocrates, les contre-révolutionnaires et les ennemis de la révolution ont été déclarés hors de la loi et faire justice. L'accusateur public du département de la Lozère, Dalzan, signé.

« L'ordonnance mise à suite par le président en date du 21 de ce mois portant que le dit Hébrard sera interrogé aux fins de ladite requête et permet l'enquit demandé ; l'interrogatoire subi ce même jour par le dit Hébrard devant le président, une réquisition faite à la Municipalité par le directoire du district de Mende le 27 mai précédent, deux mémoires justificatifs de sa conduite remis par le dit Hébrard lors de son interrogatoire dûment paraphés ; autre mémoire envoyé au tribunal par les représentants du peuple avec leurs lettres d'envoi du jour d'hier ; le cahier d'informations contenant la déposition de trois témoins et la déposition du vingt-quatrième témoin du cahier d'information contre les rebelles habitants de la ville de Mende.

« Le tribunal, jugeant en dernier ressort et sans recours à cassation, en exécution de la loi du 19 mars et autres subséquentes relatives aux troubles et émeutes contre-révolutionnaires a déclaré et déclare que les faits contenus dans la dénonciation du conseil général d'administration de ce département du 19 de ce mois ne sont pas constants et vu ce qui résulte des divers actes du procès, notamment des pièces justificatives, des interrogatoires et des informations qui ne présentent aucun délit de la part du dit Hébrard, a déclaré et déclare le dit Jean-Joseph Hébrard acquitté de l'accusation, ordonne qu'il sera mis de suite en liberté. Conformément à l'article du 1ᵉʳ du titre 8 de la loi du 29 septembre 1791, dont la lecture a été faite et lequel est ainsi conçu. « Lorsque l'accusé aura été déclaré non convaincu, le Président prononcera qu'il est acquitté de l'accusation et ordonnera qu'il soit de suite mis en liberté. »

« Ordonne que le présent jugement sera mis à exécution à la diligence de l'accusateur public, et qu'il sera imprimé, lu, publié et affiché dans tous les cantons de son ressort.

« Fait et publiquement prononcé en l'audience où étaient présents Pierre Guyot, président, Louis Bancillon, Jean-Pierre Benoit et Jean-Baptiste Fillon, juges; lesquels ont signé la minute du présent jugement avec le greffier.

« Signés :

GUYOT,
Président.

BANCILLON,
Juge.

BENOIT,
Juge.

FILLON,
Juge.

RENOUARD,
Greffier. »

VIII

« Ce jourd'hui vingt-sixième juin mil sept cent quatre-vingt-treize, le second de la République française une et indivisible, après-midi, par devant nous Pierre Guyot, président du tribunal criminel du département de la Lozère, séant en la ville de Mende. Louis Bancillon, Jean-Pierre Benoit et Jean-Baptiste Filhon, juges de service et dans la salle de l'audience, en présence de l'accusateur public et assisté du citoyen Pierre Renouard, greffier.

Vu par le Tribunal criminel du département de la Lozère, l'acte d'accusation présenté par l'accusateur public le onze de ce mois, dont la teneur suit :

« L'accusateur public remontre qu'au sujet des troubles contre-révolutionnaires qui agitaient il y a peu de jours ce département et pendant lesquels les rebelles se sont livrés aux dilapidations, aux atrocités de toutes espèces et au meurtre, des prévenus des diverses parties de ce département ont été saisis et conduits dans la maison de justice à Mende, où leur nombre est assez considérable, il importe de les entendre. L'accusateur public requiert encore qu'il soit informé et procédé contre eux comme étant hors de la loi, conformément à celle du 19 mars dernier et du 10 mai suivant, attendu que le crime dont ils sont inculpés est d'avoir pris part aux révoltes contre-révolutionnaires, au meurtre et au pillage et faire justice. L'accusateur public du département de la Lozère, Dalzan, signé.

« L'ordonnance mise à suite par le président qui ordonne les interrogatoires et informations, les procès-verbaux d'arrestation de plusieurs prévenus en date des 10, 11 et 12 de ce mois. Extrait des écrous des prévenus ci-après nommés en la maison de justice en date des 17, 24, 25 et 26 de ce mois ; trois cahiers d'informations contenant les dépositions des 19 témoins en date des 22, 24, 25 et 26 du présent mois ; les articles 1, 4 et 6 de la loi du 19 mars, l'article unique de celle du 10 mai.

« Ouï de nouveau l'accusateur public en ses conclusions verbales.

« Le tribunal, jugeant en dernier ressort et sans recours à cassation, déclare Pierre Rabier, tisserand de Barjac, Antoine Rabier, idem, François Palmier, fermier du domaine de Marance ; Pierre Grégoire, meunier de Barjac ; Jean Hébrad, tisserand de Barjac ; Jacques Thomé, du Villaret ; Marie Journan, veuve Collier, de Mende ; Jean Maurin, journalier de Pierrefiche ; Antoine Pages, laboureur, originaire de l'Arbussel, habitant du Bruel d'Esclanèdes ; Catherine Collier, fille à Marie Jourdan de Mende ; Martin Robert, du Massegros ; André Amblard, du Bruel ; Jean Cabannes, d'Auxillac ; Mathieu Rouveire, de l'Arbussel ; Jean Poujol, de Marijoulet ; Pierre Boissonnade, d'Auxillac, et Guillaume Berbonde, berger, de Saint-Alban ; suspects et hors de la loi. Et vu ce qui résulte des divers certificats des municipalités, des interrogatoires et informations et des autres actes du procès, que plusieurs des sus nommés ont été induits en erreur, séduits, subornés ou forcés de se joindre à l'armée des rebelles, et qu'ils ne sont ni chefs, ni instigateurs des révoltes et des émeutes contre-révolutionnaires a déclaré acquittés de l'accusation : Les dits Pierre et Antoine Rabier, frères ; François Palmier, Jean Hébrard ; Pierre Grégoire ; Jacques Thomé ; Marie Jourdan, veuve Collier ; Catherine Collier, sa fille ; Martin Robert ; André Amblard ; Jean Cabannes ; Mathieu Rouvière ; Jean Poujol, Pierre Boissonnade et Guillaume Berbonde, ordonne à cet effet qu'ils seront de suite mis en liberté.

« Déclare ni avoir lieu d'ordonner l'élargissement de Jean Maurin de Pierrefiche, ordonne qu'à la diligence de l'accusateur public, il sera plus amplement informé contre ledit Maurin, déclare Antoine Pages, habitant du lieu du Bruel et déserteur du recrutement du 24 février dernier, atteint et convaincu d'avoir porté les armes contre sa patrie, d'avoir menacé les officiers municipaux de sa commune, d'avoir commandé une troupe de rebelles sous les ordres de Boissonnade, la fage d'avoir commis des pillages fait brûlé les papiers de la municipalité d'Esclanèdes, d'être un des instigateurs qui ont excité le peuple à la révolte, d'en avoir forcé plusieurs à prendre les armes et à s'armer contre la patrie, d'après les dépositions des 15e, 17e et 18e témoins des informations, condamne en conséquence le dit Pages à être puni de mort et livré à l'exécuteur des jugements criminels dans les vingt-quatre heures, conformément aux articles 4 et 6 de la loi du 19 mars, et à l'article unique de celle du 10 mai dont il a été fait lecture.

« Ordonne qu'à la diligence de l'accusateur public le présent jugement sera mis à exécution, déclare les biens du dit Pages confisqués et acquis à la République. En conformité et sous les charges portées par l'article 7 de la dite loi du 19 mars dont il a été fait lecture.

« Encore vu ce qui résulte des dites charges et informations, le tribunal a ordonné et ordonne que le nommé Quintin, valet de la veuve Pin, fermière du domaine de la Roche, du domaine de Barjac sera pris et saisi au corps, conduit sous bonne et sûre garde en la maison de justice du tribunal pour le procès lui être fait et parfait et ne pouvant être pris, ses biens seront saisis et annotés, mis sous la main de la loi et après les formalités requises, son procès sera instruit et jugé par contumace.

« Ordonne que le présent jugement sera imprimé, lu, publié et affiché dans tous les cantons de son ressort à la diligence de l'accusateur public et des juges de paix et officiers de police, lesquels seront tenus d'en certifier le tribunal dans quinzaine.

« Fait à Mende le jour, mois et an que dessus en l'audience du tribunal, présents ; Pierre Guyot, président ; Louis Bancillon ; Jean-Pierre Benoit et Jean-Baptiste Filhon, juges ; qui ont signé la minute du présent jugement avec le greffier.

« Signés :

PIERRE GUYOT, *Président.*

BENOIT, *Juge.*

BANCILLON, *Juge.*

FILHON, *Juge.*

RENOUARD, *Greffier.* »

IX

« Ce jourd'hui samedi vingt-neuf juin mil sept cent quatre-vingt-treize, l'an second de la République une et indivisible.

« Vu par le tribunal criminel du département de la Lozère. L'acte d'accusation porté par l'accusateur public le onze de ce mois dont la teneur suit :

« L'accusateur remontre ⟨, au sujet des troubles contre-révolutionnaires qui agitaient il y a peu de jours ce département et pendant lesquels les rebelles se sont livrés aux dilapidations, aux attrocités de toutes espèces et à meurtre ; des personnes des diverses parties du département ont été saisies et conduites dans la maison de justice à Mende, où leur nombre est assez considérable, il importe de les entendre, l'accusateur public requiert encore qu'il soit informé et procédé contre eux comme étant hors de la loi, conformément à celles des 19 mars et 10 mai dernier. Attendu que le crime dont ils sont inculpés est d'avoir pris part aux révoltes contre-révolutionnaires, au meurtre et au pillage et faire justice.

« L'accusateur public du département de la Lozère, Dalzan, signé.

« L'ordonnance mise à suite par le président portant qu'il sera procédé aux interrogatoires des prévenus et à des informations. Les divers interrogatoires subis par Claude Reveirolle du Tort, commune de Puy-Laurent ; François Cataland, de Combettes, commune de Servières ; Etienne Gervais, de Chastel-Nouvel ; Etienne Bruel, du Bouchet, commune de Ricutort ; Louis Boutevin, de Vitrolles, même commune ; Joseph Bonnal, de la Four-cheire, même commune ; Claude Delmas, de la Roche ; Etienne Gervais, de la Fayette ; Etienne Granier, fils à Pierre, de Vitrolles ; Pierre Granier, laboureur du dit lieu de Vitrolles ; Pierre Velay du lieu de Montet ; Pierre Brousse, de Monteil ; Pierre Valentin, de la Roche ; Pierre Rozier, de Sallesons ; Jean-Jacques Brajon, du Bouchet ;

Jean Valette, de Vitrolles ; Jean Macary, du Moutet ; Jean-Baptiste Durand, de Boussefols ; Jean Valentin, de la Fayette ; Antoine Bonnal, de la Soucheire ; André Galambrun, du Bouschet ; Philippe Vidal, de la Soucheire ; André Bonnet, de Vitrolles ; Vidal Fabre, de Vitrolettes ; Jacques Bonnal, du Bouschet, même commune ; Jean Chaldoreille, du Rieutort ; Jean Lauraire, de Coulagnes-Hautes ; Jacques Delmas, du Chastel-Nouvel ; Pierre Forestier, de Chastel-Nouvel ; autre Pierre Forestier, de la Fayette ; Jacques Delmas, de Chastel-Nouvel, habitant de la Roche-Bellot ; Etienne Troucellier, de l'Espinas, commune de Servières ; Pierre Brousse, restant pour domestique chez Barrandon, de Coulagnets ; Pierre Granier, de Coulagnets ; Joseph Palmier, dit Jolivois, d'Esclanèdes ; Jacques Boyer, maçon, de Mende ; Jean Lauraire, du lieu d'Aspres ; Antoine Boyer du Savignes, et Etienne Delrieu, du Chastel-Nouvel ; Pierre Pigeire, du lieu du Poujet, commune de Rieutort, et Antoine Fabre, du lieu de Roche, même commune, les 17, 25, 26, 27 et 29 de ce mois. Les trois cahiers d'informations contenant les dépositions de trente-cinq témoins, des 27 et 28 de ce mois, les articles 1, 4 et 6 de la loi du 19 mars, l'article unique de celle du 10 mai 1793.

« Ouï de nouveau l'accusateur public en ses conclusions verbales.

« Le tribunal jugeant en dernier ressort et sans recours à cassation, en exécution de la loi du 19 mars dernier, déclare tous les sus-nommés suspects et hors de la loi et vu ce qu'il résulte des interrogatoires et informations que la plupart d'entre eux ont été induits en erreur, séduits, subornés ou forcés de se joindre à l'armée des rebelles, que plusieurs même ont été saisis chez eux sans avoir pris part à la révolte et aux émeutes contre-révolutionnaires, a déclaré acquittés de l'accusation : Claude Rouveirol, François Cathalan ; Etienne Gervais ; Etienne Bruel ; Louis Boutevin ; Joseph Bonnal ; Claude Delmas ; Etienne Gervais ; Etienne Granier ; Pierre Granier ; Pierre Velay ; Pierre Brousse ; Pierre Valentin ; Pierre Rozier ; Jean-Jacques Berjon ; Jean Valette ; Jean Macary ; Jean-Baptiste Durand ; Jean Valentin ; Jean-Antoine Bonnal ; André Galambrun ; Philippe Vidal ;

André Bonnet ; Vidal Fabre ; Jacques Bonnal ; Jean
Chaldoreillo ; Jean Lauraire ; Jacques Delmas; Pierre et
autre Pierre Forestier ; Jacques Delmas ; Etienne Trou-
celier ; Pierre Brousse ; Pierre Granier ; Joseph Palmier
dit Jolivois, ordonne à cet effet que les sus-nommés seront
mis de suite en liberté.

« Déclare pareillement acquittés de l'accusation comme
n'ayant pas pris part aux révoltes : Jacques Boyer, maçon
de Mende ; Jean Lauraire, du lieu d'Aspres ; Antoine
Bonnet, de Savignes et Etienne Delrieu ; mais vu qu'ils
sont déserteurs de recrutement déclare ni avoir lieu d'ordonner leur élargissement, ordonne qu'il en sera rendu
compte à l'administration du département pour qu'elle
avise aux mesures qu'elle a à prendre à raison de la
désertion.

« Et toujours vu ce qu'il résulte des interrogatoires et
informations a déclaré et déclare Pierre Pigeire, tisserand,
du lieu du Pouget, commune de Ricutort, et Antoine
Fabre de la Roche, même commune, déserteurs du recrutement du 24 février dernier atteints et convaincus d'avoir
fait servir les armes que la patrie leur avait données pour
sa défense, contre la patrie elle-même, de s'être réunis
aux rebelles, d'avoir excité leurs concitoyens et leurs
voisins à la révolte, d'avoir arboré la cocarde blanche en
signe de rébellion, d'avoir provoqué le rétablissement de
la royauté, d'avoir fait feu sur l'armée des patriotes,
d'avoir excité le peuple au meurtre et au pillage : savoir
le dit Pigeyre d'après les dépositions des 5e, 6e, 9e, 12e, 13e
14e, 15e, 17e, 19e, 22e, 23e, 24e, 25e, 27e, 29e, 30e, 33e, et 35e
témoins des informations ; et le dit Fabre d'après celles
des 6e, 7e, 12e, 13e, 15e, 17e, 22e, 23e, 25e, 30e, 31e témoins
des informations ; les condamne en conséquence à être
punis de mort, livrés à l'exécuteur des jugements criminels dans les vingt-quatre heures, conformément aux articles 4 et 6 de la loi du 19 mars, et à l'article unique de celle
du 10 mai aussi dernier dont il a été fait lecture.

« Ordonne qu'à la diligence de l'accusateur public, le
présent jugement sera mis à exécution, déclare les biens
des dits Pigeire et Fabre condamnés, confisqués et acquis

à la République en conformité et sous les charges portées par l'article 7 de la loi du 19 mars dont il a aussi été fait lecture.

« Et encore vu ce qui résulte des dites charges et informations, le tribunal a ordonné et ordonne que les nommés Etienne Bonnal, dit Piaronnas, restant à la Bessière ; Jean-Pierre Balez, fils du paysan de Fremas; le fils aîné de Daudé, expert du lieu de la Champ; Bouchet dit Marca, de la Roche, tous les sept déserteurs du recrutement du 24 février : le Frizat de la Pigeyre-Haute ; Jean-Pierre Sarrut, de la Brugeire ; Etienne Pigeire, de Pouget ; Guillaume Sasara, sabotier, de Mende ; Jacques Saint-Léger, de Champelos ; Maliges, de la Pigeyre-Haute ; le frère de Jacques Bonnet, du Bouchet ; Jean-Pierre Rachas, de la Roche ; le ci-devant abbé de Borrel, de Mende ; les deux frères Vialla, cadets, de Coulagnets ; les deux frères Pépin cadets de Coulagnets; Michel, dit du Pont, de la Brugeire ; Michel Sarrut, de la Brugeire ; Jacques Boutevin, de la Roche; Jean-Baptiste Bouchet, de la Roche, et le ci-devant abbé des Fonds, de Mende; prévenus d'avoir pris part aux dites révoltes contre-révolutionnaires, d'en avoir été les fauteurs et instigateurs seront pris et saisis au corps et conduits sous bonne et sûre garde en la maison de justice du tribunal pour leur procès être fait et parfait en conformité des dites lois : et ne pouvant être pris leurs biens seront saisis et annotés mis sous la main de la loi, et après les formalités requises, leur procès sera instruit et jugé par contumace.

« Ordonne que le présent jugement sera imprimé, lu, publié et affiché dans tous les cantons de son ressort à la diligence de l'accusateur public et des juges de paix, officiers de police, qui seront tenus d'en certifier le tribunal dans quinzaine.

« Donné et publiquement prononcé à Mende, en l'audience du tribunal où étaient présents Pierre Guyot, président ; Louis Baneillon ; Jean-Pierre Benoit et Jean-Baptiste

Filhon, juges de service du tribunal criminel, lesquels ont signé la minute du présent jugement avec le greffier.

« Signés :

PIERRE GUYOT,
Président.

BENOIT
Juge.

BANCILLON,
Juge.

FILHON,
Juge.

RENOUARD,
Greffier. »

X

« Cejourd'hui, troisième juillet mil sept cent quatre-vingt treize, le second de la République française, une et indivisible.

« Vu par le tribunal criminel du département de la Lozère l'acte d'accusation porté par l'accusateur public le onze de ce mois de juin dernier, contre les auteurs, fauteurs et instigateurs des derniers troubles et révoltes contre-révolutionnaires dans le département, lequel acte d'accusation ainsi que l'ordonnance d'enquis à suite ont été donnés. Les précédents jugements, l'interrogatoire prêté par Pierre Chalbos, officier municipal de la commune d'Altier, devant les commissaires civils Auzillon et Vidieu, envoyés dans le district de Villefort par le citoyen Fabre représentant du peuple, en date du 15 juin dernier. Autre interrogatoire subi le 21 du même mois par le dit Chalbos devant un des juges du tribunal. L'interrogatoire subi le 17 du même mois par Jean Maurin, journalier du lieu de Pierrefiche, commune de Barjac, devant un des juges du tribunal. L'interrogatoire subi le 22 du même mois devant un des juges du tribunal par Jean Soulages, chaudronnier, de Mende. La requête présentée au tribunal par l'accusateur public dont la teneur suit, ainsi que l'ordonnance mise à suite.

« Aux juges du tribunal criminel du département de la Lozère.

« L'accusateur public remontre que continuant à rechercher des renseignements pour s'éclairer dans la poursuite qu'il doit faire contre les détenus qui ont été saisis comme fauteurs des derniers troubles contre-révolutionnaires dont le département a été le théâtre, il a reconnu que Jean Soulages, chaudronnier, de Mende, l'un de ceux qui sont à juger, est inculpé par la voix publique d'avoir été un des agents affidés du conspirateur Borel, ancien commandant de la garde nationale de Mende. Le principal de ceux contre lesquels il fut porté des décrets d'accusation par le corps législatif vers la fin de Mars de l'année dernière 1792, au sujet des attentats commis à Mende au commencement du même mois et vers la fin du précédent, et d'avoir provoqué les assassinats commis sur des grenadiers du 27e régiment d'infanterie, ci-devant Lyonnais, Jean Soulage ne s'était plus montré à Mende depuis, et il n'y a paru qu'avec les bandes du scélérat Charrier, dans lesquelles il a été en grade, et un des instigateurs. En conséquence, l'accusateur public requiert qu'il soit informé et procédé contre lui comme étant hors de la loi conformément à ce qui est prescrit par celle du 19 mars dernier, à raison de ce qui est exposé dans la précédente requête. Comme l'intérêt de la chose publique fait un devoir à l'accusateur public de poursuivre la punition des coupables, un motif qui tient tout à la fois à l'intérêt public et à la justice doit l'engager à faire décharger ceux qu'il est dans le cas de considérer comme innocents, d'après les renseignements qu'il a pris avec le plus grand soin auprès des gens les plus impartiaux dont le patriotisme et leur attachement à la Révolution lui sont connus.

« En conséquence il déclare qu'il consent que cinq de ceux qui restent détenus dans la maison de justice soient mis en liberté, savoir : Pierre Boissonnades et Jean Cabannes, du lieu d'Auxillac ; Jean Poujols, du lieu de Marijoulet commune de Salmon, district de Marvejols ;

Mathieu Rouvière, du lieu de l'Arbussel et Jacques Thomé du lieu du Villaret, commune de Barjac, district de Mende ; après été avoir préalablement interrogés et entendus, et faire justice : L'accusateur public du département de la Lozère, Dalzan, signé.

« L'ordonnance rendue par le tribunal portant qu'il sera informé et procédé contre le dit Soulages, conformément à la loi du 19 mars ; laquelle porte encore que les dits Pierre Boissonnade, Jean Cabannes, Jean Poujols, Mathieu Rouvière et Jacques Thomé sont déchargés et qu'ils seront mis en liberté, la requête présentée au tribunal par le dit Pierre Chalbos tendant à ce qu'il soit déchargé et mis en liberté. L'ordonnance du fait communiqué à l'accusateur public en date du jour d'hier, par lesquelles il déclare n'avoir point de témoins à administrer et qu'il n'empêche que Chalbos soit déchargé et mis en liberté.

« Ouï de nouveau l'accusateur public qui a dit qu'il persiste dans les conclusions qu'il a données sur la requête présentée par Pierre Chalbos : a déclaré que comme le tribunal ne peut s'occuper présentement de procéder à l'égard de Jean Maurin, du lieu de Pierrefiche, commune de Barjac et de Jean Soulages, chaudronnier, de Mende, il n'empêche qu'ils soient provisoirement élargis sans préjudice de la continuation de procédure contre eux et du jugement définitif, il a encore déclaré qu'il n'empêche que Guillaume Balmagier, du lieu d'Auxillac, commune de Salmon, canton de la Canourgue, soit déchargé et mis en liberté, attendu que d'après les renseignements qu'il a pris à l'égard de ce dernier il n'a point de témoins à administrer contre lui.

« Le tribunal, jugeant en dernier ressort et sans recours à cassation, en exécution de la loi du 19 Mars dernier, demeurant les déclarations de l'accusateur public, vu ce qu'il résulte des pièces qui ont été énoncées et autres relatives aux sus-nommés à décharger et acquitter Pierre Chalbos, officier municipal de la commune d'Altier, district de Villefort, et Guillaume Balmagier du lieu d'Auxillac, commune de Salmon, canton de la Canourgue

et ordonné qu'ils seront mis de suite en liberté : Et quand
à ce qui concerne les dits Jean Maurin et Jean Soulages a
ordonné que sans préjudice de la continuation de la procédure contre eux et du jugement définitif, ce qui demeure
réservé, ils seront provisoirement élargis de la maison
de justice à la charge par eux de se représenter toutes les
fois qu'ils en seront requis jusqu'au jugement définitif.

« Ordonne qu'à la diligence de l'accusateur public, le
présent jugement sera mis à exécution.

« Fait et publiquement prononcé à Mende en l'audience
du tribunal. Les susdits jour, mois et an que de dessus.
Présents : Pierre Guyot, président, Benoit, Filhon et Bancillon, Juges, qui ont signé.

Signés :

« PIERRE GUYOT,   FILHON,
   Président.   *Juge.*

BENOIT,   BANCILLON,
 Juge.   *Juge.*

           RENOUARD,
            Greffier. »

XI (1)

« L'an mil sept cent quatre-vingt-treize, le second de la
République française une et indivisible, et le vingt-cinquième jour du mois de juillet, par devant nous, Pierre
Guyot, président du tribunal criminel du département de
la Lozère, séant en cette ville de Marvejols, et dans la
salle de ses séances. Jean-Antoine Baldit, et Jean-Antoine
Escalier, juges de service le présent trimestre auprès du
dit tribunal ; et Jean-François Durand, juge du tribunal

---

(1) XII du 1er registre.

civil de cette ville en l'absence de Laurans Ricard, juge de
service; présents l'Accusateur public et Pierre Renouard,
greffier.

« Vu par le tribunal criminel du département de la
Lozère la requête présentée par l'Accusateur public ce
jour d'hier, vingt-quatre du mois, dont la teneur suit :

« Aux juges du tribunal criminel du département de la
Lozère séant momentanément à Marvejols.

« L'Accusateur public remontre que le tribunal sur la
réquisition qui lui fut faite par un arrêté de l'administration du département, s'étant transporté dans cette ville
de Marvejols, chef-lieu de district, pour la poursuite et
jugement des prévenus de révoltes contre-révolutionnaires
habitant dans ce district, il a été procédé à l'interrogatoire des détenus dans la maison d'arrêt de Marvéjols et
à des informations qui présentent quantité de coupables,
la plupart d'entre eux se sont évadés, il n'est resté dans
la maison de justice de Mende que Jean-Baptiste Deltour,
juge de paix, et Domeizel, officier municipal du lieu et commune de Saint-Germain, dans celle de Marvéjols ; Jean-
Baptiste Cuinat, de la dite ville ; Françoise Gabrilargues,
de Malbouson, et Marianne Belot, de Saint-Pierre-de-
Nogaret. L'Accusateur public pense que le vœu de la loi
du 19 mars dernier relative aux prévenus d'émeutes et
révoltes contre-révolutionnaires, est rempli tant à l'égard
de ceux qui se sont évadés, après avoir subi leur interrogatoire que de ceux qui sont encore détenus, en conséquence requiert que Charles Bruel, ci-devant gendarme
national de la brigade de Nasbinals ; Pierre-Aimé
Muret, fils cadet de Marcel, de Marvéjols, et Pierre
Hébrard, du bourg de Chirac, soient déclarés convaincus :
savoir : les deux premiers d'avoir été chefs dans les bandes révoltées et le dernier d'avoir été instigateur et chef,
qu'il soit ordonné qu'ils seront saisis par la force publique
partout où ils pourront être pris, conduits sous bonne et
sûre garde dans la maison de Justice du tribunal et qu'ils
seront ensuite dans les vingt-quatre heures livrés à l'exécuteur des jugements criminels et mis à mort et que leurs

biens soient déclarés acquis et confisqués au profit de la
République, d'après les dispositions énoncées à ce sujet
dans la loi du 19 mars dernier ; qu'il soit ordonné que
Pierre Astruc, de Marijoulet, commune de Salelles, canton
de Chirac, qui s'est évadé sans avoir subi l'interrogatoire
et tous ceux qui, d'après les informations sont désignés par
les dépositions de deux témoins comme chefs et instigateurs seront saisis au corps partout où ils pourront être
pris et conduits sous bonne et sûre garde dans la maison
de Justice du tribunal, pour y être interrogés et qu'après
perquisitions faites de leurs personnes s'ils ne peuvent
être pris, ils seront jugés quoiqu'absents comme s'ils
étaient présents et comme étant hors de la loi, requérant
aussi d'ordonner le séquestre au profit de la République,
tant des biens de ceux-là que de tous ceux contre lesquels
il a été ci-devant rendu des ordonnances de prise de corps
pour crime de révoltes contre-révolutionnaires, afin que
l'administration fasse régir leur biens comme ceux des
émigrés, au profit de la République.

« L'Accusateur public déclare qu'il consent que les autres
qui se trouvaient détenus ou qui le sont encore pour crime
de révolte contre-révolutionnaire soient déclarés déchargés, acquittés et mis en liberté en laissant cependant
retenir ceux qui sont déserteurs pour en être donné
connaissance à l'Administration afin qu'elle agisse à leur
égard d'après la loi et faire justice.

« *L'Accusateur public du département de la Lozère,*

« DALZAN, signé.

« Les procès-verbaux des différents interrogatoires des
prévenus et les six cahiers d'informations contenant le
premier les dépositions de quarante-un témoins, le second
celles de 18 témoins ; le 3e celles de 23 témoins ; le 4e,
celles de 59 témoins ; le 5e, celles de 22 témoins ; et le
6e celles de 28 témoins, les divers interrogatoires subis
devant les différents juges par Jacques Gaillard, meunier
du lieu des Andes ; Baptiste Gély, serrurier, de Marvéjols ; Antoine Jarrousse, cultivateur, de Chaldecoste ;

Jean-Baptiste Deltour, juge de paix de Saint-Germain ;
Jean-Lin Fournier, procureur de la commune de Marchastel ; Marianne Belot, fileuse, de Saint-Pierre-de-
Nogaret ; Pierre Rescoussier, du lieu du Rieutort ; Françoise Gabrillargues, de Melbouson ; Etienne Salle, de la
Bataille ; Jean Melhac, de Monastier ; Jean-Baptiste Cuinat de Marvéjols ; Antoine Charrier, de Montnel ; Pierre
Goupi, de Fabrèges ; Jacques Combettes, du Mas ; Bar-
thélémy Portalier ; Pierre Portalier et Jean Portalier,
frères, du même lieu ; Guillaume Costé d'Escudières ;
Pierre Sirvens, fermier, à Marchastel ; André Chazali
fils, officier municipal, d'Escudières; Dominique Fournier,
de Rieutort ; Etienne Prunières, d'Escudièrettes ; César
Planchon ; Jean Chauvet ; Mathieu Astruc, restant pour
bouvier à la Bataille ; Laurans Chastel, restant chez
Baduel Doustrac, commune de Layolle ; Pierre Navel,
du Trémouloux : Pierre Rieutort, de Batifoulier ; François
Domeizel, officier municipal, de Saint-Germain du Teil ;
Baptiste Rouvières, de Fabrèges ; Jean Boissonnade,
de Rieutort ; Jean-Antoine Reynal, du même lieu ; Jean
Massebiau, de Fabrèges ; Jean Coudere, de Rieutort ;
Jean-Baptiste Bonnas, de l'Espinas, commune de Servières, déserteur ; Jean-Pierre Volpillac, d'Autrenas, déserteur ; Antoine Puech, des Busses, déserteur ; Jean Bonnet,
de la Védrinelle, déserteur ; Pierre Hébrard, peigneur de
laine, de Chirac ; Pierre-Aimé Muret, fils à Marcel, de
Marvéjols ; Charles Bruel, gendarme, à la résidence de
Nasbinals. En date les dits interrogatoires des 11, 15, 25,
26, 27, 28 et 30 juin dernier, 5, 6, 7, 8, 9, 10, 11 et 22 du
présent mois, le procès-verbal de prétendue dénonce de
Pierre Astruc, de Marijoulet, commune de Chanac. Les dites
informations faites tous les jours depuis le 13 de ce mois
jusques à hier vingt-quatre, les articles 1, 4 et 6 de la loi
du 19 mars et l'article unique de la loi du 10 mai aussi
dernier.

« Ouï de nouveau l'accusateur public en ses conclusions
verbales.

« Le tribunal jugeant en dernier ressort et sans recours
à cassation, en exécution de la loi du 19 mars dernier et

subséquentes a déclaré et déclare tous les sus nommés hors de la loi, et vu ce qu'il résulte des dits interrogatoires et informations, que plusieurs des sus nommés ont été induits à erreur, forcés, séduits ou subornés pour se joindre à l'armée des rebelles et qui ne sont ni chefs ni instigateurs des troubles et émeutes contre-révolutionnaires, a déclaré acquittés de l'accusation : Jacques Gaillard ; Baptiste Gélly ; Antoine Jarousse ; Jean-Baptiste Deltour ; Jean-Lin Fournier ; Marianne Belot ; Pierre Racoursier ; Françoise Gabrillargues ; Etienne Salles ; Jean Melhac ; Jean-Baptiste Cuinat ; Antoine Charrier ; Pierre Coupi ; Jacques Combettes ; Barthélemy Pierre et Jean Portalier frères ; Guillaume Coste ; Pierre Sirvens ; André Chazali ; Dominique Fournier ; Etienne Prunières ; César Planchon ; Jean Chauvet ; Mathieu Astruc ; Jean Mijoule ; Baptiste Alanche ; Laurans Mathet ; Pierre Navel ; Pierre Rieutort ; François Domeizel ; Baptiste Rouvière ; Jean Boissonnade ; Jean-Antoine Reynal ; Jean Massebiau ; Jean Couderc ; Jean-Baptiste Bonnal ; Jean-Pierre Volpilhac ; Antoine Puech ; Jean Bonnet et Pierre Astruc, ordonne à cet effet que les sus nommés seront élargis de suite et mis en liberté, exception faite de Jean-Baptiste Coural, qui quoique acquitté, demeurera en état d'arrestation pour être dénoncé comme déserteur à l'administration du département, ordonne qu'il sera plus amplement informé contre Pierre Hébrard, peigneur de laine, de Chirac, et Pierre Aimé Muret fils à Marcel, de Marvéjols.

« Déclare Charles Bruel, ci-devant gendarme à la résidence de Nasbinals, atteint et convaincu d'avoir été un des chefs et instigateurs dans l'armée des révoltés, d'avoir commis des meurtres et des pillages, d'avoir quelque salarié et employé par la nation porté les armes contre sa patrie. Le tout conformément aux dépositions des 7e et 13e témoins du premier cahier, du 7e, du 2e, du 5e du 3e des 9e, 11e, 45e et 46e témoins, du 4e cahier et enfin des 1er, 9e, 10e, et 14e témoins du 5e cahier. Condamne en conséquence le dit Charles Bruel à être puni de mort et livré à l'exécuteur des jugements criminels dans les vingt-quatre heures, conformément aux articles 4 et 6 de la dite loi du 19 mars et à l'article unique de celle du 10 mai aussi dernier dont il a été aussi fait lecture,

« Et attendu que les dits Bruel, Muret et Hébrard se sont évadés des prisons de cette ville, le tribunal a ordonné et ordonne qu'il sera fait des perquisitions de leurs personnes, partout où besoin sera, et qu'ils seront pris et saisis par la force publique et conduits dans la maison de justice du tribunal, auquel effet l'exécution du dit jugement est commise à l'accusateur public.

« Déclare les biens du dit Bruel confisqués et acquis à la République sous les charges portées par l'article 7 de la dite loi du 17 mars dernier dont il a été aussi fait lecture.

« Déclare pareillement le tribunal qu'après les perquisitions faites des personnes des dits Muret et Hébrard, leurs biens seront saisis, annotés, sequestrés pour être régis par les receveurs du droit d'Enregistrement, conformément à la loi et leur procès jugé tant en leur présence qu'en leur absence.

« Et toujours, vu ce qu'il résulte des dites informations, le tribunal a ordonné et ordonne que les nommés Valette, jeune, fils cadet du juge de paix de Nasbinals ; Prouzetz, cadet, ci-devant practicien, de Couffihnels ; l'abbé Libourel, de Prat-Viala ; Fournier, de Sainte-Lucie ; Bonnal Hotte, près St-Laurent de Muret ; Michel fils, dit Moissac, de Ventuzet ; Pierre Arpajon, de Nasbinals ; Astruc, cordonnier, de Marvéjols ; Planchon, garde-chasse de la Beaume ; Amédé Martin, de la Bessière ; Gibelin aîné, du Py ; l'abbé Gibelin, son frère, le vicaire d'Antrenas ; Poutelin, dit Prêtaboire, tailleur, de Chirac ; Mathieu, de Pratviala ; Bergon, aumônier de la Beaume ; Crespin, vicaire de Recoules ; Albaret, dit Jabrun ; Pons, fils aîné, de Quélus, dans l'Aveyron ; Laporte, fils aîné, de Nasbinals ; Fournie, prieur de Nasbinals ; Charrier, prieur de Malbouzon ; Toiron, vicaire de Prinsuéjols ; Panafieu, notaire de Saint-Sauveur ; Bastide, prêtre de Layssac, dans l'Aveyron ; Jarrigion, curé de Recoules, d'Aubrac ;

l'abbé Allier, prieur de Chambonas ; Savoye, gendre de Servan, du Py ; Sargues, de Liouca, dans l'Aveyron ; Panafieu, cadet, de Saint-Sauveur. Le nommé Charlon, cordonnier, de Chirac ; Déliane père, du Monastier ; Deliane fils aîné, Soutouly, médecin, de Saint-Cosme, dans l'Aveyron ; Fournier, dit Richard, de la Combe ; Delestang, père, de Chirac ; Théodore Ligier, fils à Pierre, de Marvéjols ; Charbonnier, dit Parizieu, de Nasbinals ; Romain Melhac, de Chirac; le Chasseur de la dame Rogeri, de St-Arcize; Valette, greffier du juge de paix de Nasbinals; Mestre, curé de Marchastel ; l'abbé Avit ; l'abbé Rouel, vicaire à Nasbinals ; Boissonnade, dit l'Etudiant, de Rieutort ; Valette, de Grandmont ; Jarousse, maire de Saint-Laurent-de-Muret ; l'abbé Ollier, prieur de la Trinité ; Baduel, cadet, d'Austrac ; l'abbé Coudere, dit Villaret, de Monastier ; Bosseur, maçon, de Sain-Giniest, dans l'Aveyron ; l'abbé Verdier, de Chaudessaigues, dans le Cantal ; l'abbé Caylard, prêtre ; Jean Boyer, dit Langoisse de Marvéjols ; Jarrigion, vicaire de Saint-Chély ; Antoine Melhac, de Chirac ; l'abbé Causse, de Bosses ; l'abbé Chaudessaigues, bénéficier de Mende ; Jean Noalhac, de Marchastel ; Reaiexi, du Buisson ; le cadet Jurquet Lasalle, de Morcgézieu dit le Chevalier ; le nommé Labrèche, de Montrodat ; Aimé de Noyant ci-devant comte Delmas, curé de Saint-Germain du Teil ; l'abbé Moulin, son vicaire ; Alexis Rome, de Crueize ; Meissonnier, juge de paix de Saint-Sauveur, habitant à Couffiguets ; Étienne Beaufils, déserteur; Jacques Gaillard, des Andes ; Jacques Laporte, de Chantegrenouille ; Jean-Marc Laporte, son frère ; Guillaume-Laurent Charrier, homme de loi, de Chirac, et Meissonnier, vicaire au Buisson, seront pris et saisis au corps, conduits sous bonne et sûre garde dans la maison de justice du tribunal pour leur procès leur être fait et parfait, et ne pouvant être pris, ils seront jugés tant absents que présents comme étant hors de la loi, leurs biens saisis et annotés, mis sous la main de la loi et régis par des séquestres au profit de la République, de même que ceux des personnes contre lesquelles il a été rendu des pareilles ordonnances de prise de corps pour crime d'émeute contre-révolutionnaire.

« Ordonne que le présent jugement sera imprimé, envoyé, lu, publié et affiché dans tous les cantons de son ressort, à la diligence de l'accusateur public et des juges de paix, officiers de police, qui seront tenus d'en certifier dans quinzaine, fait et publiquement prononcé au dit Marvé-jols, les jour, mois et an que dessus en l'audience où étaient présents, Guyot, président, Baldit, Escalier et Durand, juges, qui ont signé la minute du présent juge-ment ainsi que le greffier.

« Signés :

P. GUYOT,
Président.

BALDIT,
Juge.

ESCALIER,
Juge.

DURAND
Juge.

RENOUARD,
Greffier. »

XII (1)

« Ce jourd'hui, vingt-cinquième août mil sept cent quatre-vingt-treize, le second de la République française, une et indivisible après-midi par devant nous Pierre Guyot, président du Tribunal criminel du département de la Lozère, séant à la ville de Mende, Jean-Antoine Baldit, Jean-Antoine Escalier et Laurent Ricard et Jean-Pierre Benoit, juges de service du présent trimestre. En présence de l'Accusateur public, assisté de Pierre Renouard, greffier.

« Vu par le Tribunal criminel du département de la Lozère, le procès-verbal tenu par le citoyen Montagnoux, lieutenant de gendarmerie de la résidence de Saint-Chély, le 26 juillet dernier. Lettre du citoyen Cavroi, chef d'es-

(1) XIV du 1er registre.

cadron du bataillon des chasseurs du quatorzième régiment
en date du 27 du même mois adressée au général Laferrière, copie de la lettre du procureur syndic, certifié conforme par les représentants du peuple, en date du même jour
27. L'arrêté des dits représentants du peuple Chateauneuf
et Maille, contenant dénonciation expresse en date du 28
du même mois, cahier des déclarations de huit témoins,
les dites déclarations reçues par les officiers municipaux
de la ville de Milhau en date du 30 juillet, premier interrogatoire reçu par Baldit l'un de nous, de Mathieu Lemaire, brigadier du quatorzième régiment des chasseurs à
cheval, compagnie de Guibal, natif du lieu d'Anié, canton
et district d'Arras, département du Pas-de-Calais, ci-devant
garde du roi, en date du 21e du même mois, lettre du général Laferrière du deux de ce mois, déclaration du citoyen
Tardieu, chasseur de la même compagnie et du même régiment en date du 8. La requête en plainte présentée par
l'Accusateur public le quatorze de ce mois contre le dit
Mathieu Lemaire et Lacoste, gendarme national de la brigade de Saugues, département de la Haute-Loire et dont
la teneur suit :

« Aux juges du Tribunal criminel du département de la
Lozère :

« L'accusateur public du département remontre que
suivant la lettre écrite par le procureur syndic du district
de Saint-Chély aux représentants du peuple envoyés dans
le département de la Lozère, le 27 juillet dernier, il se tra-
mait au dit Saint-Chély un complot contre-révolutionnaire
pour le rétablissement de la royauté et que les principaux
agents de ce complot étaient un brigadier nommé Lemaire,
du 14e régiment de chasseurs à cheval et un gendarme
nommé Lacoste, de la brigade de Saugues, département de
la Haute-Loire, ce qui a donné lieu à l'arrêté des représentants du peuple du lendemain 28 juillet dernier portant
que l'Accusateur public poursuivra les agents de ces complots et fera arrêter leurs complices. La gendarmerie
nationale chargée d'arrêter le gendarme Lacoste d'après la
réquisition de l'Accusateur public n'a pas pu parvenir à
exécuter cette commission; qu'il n'y a que le brigadier

Lemaire qui soit détenu à la maison de justice où le chef
d'escadron Cavroy le fit conduire, un procès-verbal tenu
le trente du même mois de juillet dernier par la municipalité de Milhau, département de l'Aveyron, devant laquelle
les témoins au nombre de huit ont déposé, prouvé évidemment que le brigadier Lemaire et le gendarme Lacoste
étaient les agents de ces complots contre-révolutionnaires
pour le rétablissement de la royauté et qu'ils s'efforçaient
de suborner et corrompre les chasseurs pour les y attirer,
il reste encore quelqu'autre témoins à entendre que l'accusateur public à fait assigner pour déposer devant le Tribunal ; mais la preuve est complète par le procès-verbal de
la municipalité de Milhau du 30 juillet dernier, il en
résulte une conviction parfaite contre le brigadier Lemaire et le gendarme Lacoste. La peine de mort est prononcée contre les auteurs, fauteurs et complices des complots
contre-révolutionnaires tendant au rétablissement de la
royauté, et les contre-révolutionnaires et les ennemis de
révolution qui tous ont été mis hors de la loi doivent être
jugés par les tribunaux criminels d'après les dispositions
du décret du 9 avril 1793, relatifs aux jugements des
prévenus de provocation au rétablissement de la royauté
ou d'émeutes contre-révolutionnaires dont l'art. 2 porte :
Que ces tribunaux prononceront contre les coupables les
peines déterminées par la loi du 19 mars et dans les formes prescrites par cette loi. Les moyens de convictions
contre les coupables sont les mêmes pour les tribunaux
criminels que pour les commissions militaires, suivant
l'article 5 de la loi du 19 mars et le fait demeure constant,
soit par un procès-verbal revêtu de deux signatures, soit
par la déposition orale et uniforme de deux témoins, suivant l'art. 3 de la même loi. En conséquence l'accusateur
public requiert que le brigadier Mathieu Lemaire soit
condamné à être livré à l'exécuteur des jugements criminels et mis à mort conformément à l'art. 4 de la loi du
19 mars dernier, requiert aussi le même condamnation contre le gendarme Lacoste de la brigade de Saugues, département de la Haute-Loire, pour être mis à exécution s'il
est pris, après avoir subi un interrogatoire dont il ne sera
retenu note conformément au même art. 4 ; et qu'à cet effet

il soit ordonné que le dit Lacoste sera pris et saisi partout
où il se pourra et conduit sous bonne et sûre garde dans
la prison de la ville de Mende. L'Accusateur public
requiert enfin que les biens desdits Lemaire et Lacoste
soient déclarés acquis à la République, conformément à
l'art. 7 de la même loi du 19 mars dernier et faire justice.

« *L'Accusateur public du département de la Lozère,*

« DALZAN, signé.

« L'ordonnance mise à suite par le président du tribunal portant qu'en jugement il sera dit droit au fond et néanmoins l'instruction de la procédure sera faite et continuée
conformément à la loi, autres deux interrogatoires subis
par Antoine Masson, brigadier au même régiment et de la
même compagnie, les 31 juillet et 6 août, deux originaux
d'assignations à témoins pour l'accusateur public en date
du 19 de ce mois ; autre cahier d'informations contenant
les dépositions de sept témoins en date des 7, 16 et 21 de ce
même mois et généralement les extraits d'écrou du dit
Lemaire en la maison de justice et autres pièces de la
procédure qu'il fallait voir. Les articles 1, 4 et 6 de la loi
du 19 mars et celui du 4 décembre dernier. La loi du
9 avril aussi dernier, celle du 26 du même mois d'avril et
du 16 décembre dernier, celle du 27 mars et du 10 mai
aussi dernier.

Ouï de nouveau l'Accusateur public en ses conclusions
verbales qui a persisté dans ses conclusions écrites du
14 août.

Le tribunal jugeant en dernier ressort et sans recours à
cassation, en la forme du jury militaire, a déclaré et déclare Mathieu Lemaire ci-devant garde du roi actuellement
brigadier à la compagnie de Guibal au quatorzième régiment de chasseurs à cheval, natif du lieu d'Aniè, canton et
district d'Arras, département du Pas-de-Calais, suspect et
hors de la loi. Et vu ce qui résulte des interrogatoires,
informations et autres actes du procès, qu'il est atteint et
convaincu d'avoir formé et sollicité des complots de déser-

tion dans son régiment, de n'avoir opéré des complots que pour former la contre-révolution, d'avoir provoquer ses camarades et le peuple au rétablissement de la royauté et à rompre l'unité de la République, d'avoir publiquement tant à Saint-Chély qu'à Serverettes manifesté des projets liberticides par ces propos criminels : Vive le roi, m... pour la nation, m... pour les patriotes, vive Louis XVII, d'avoir déclaré publiquement qu'il désirait l'existence de Louis XVI. En ce que sur ce qu'un particulier exaltait la bonté du pain de munition il dit devant plusieurs personnes, plût à Dieu que celui qui nous le donnait autrefois existât, d'avoir formé une société dite sans houpettes et d'avoir arraché toutes les houpettes du bonnet de police à plusieurs chasseurs, d'avoir proposé à des sous-officiers de gendarmerie de se joindre à eux pour tenter et opérer la contre-révolution, a déclaré et déclare le dit Mathieu Lemaire aux qualités ci-dessus, atteint et convaincu des délits contre-révolutionnaires, ci-devant énoncés, pour raison de quoi condamne le dit Mathieu Lemaire ci-devant garde du roi à être puni de mort et livré à l'exécuteur des jugements criminels dans les 24 heures, conformément à l'art. unique de la loi du 4 décembre 1792 dont il a été fait lecture lequel est ainsi conçu :

« La Convention nationale décrète que quiconque proposerait ou tenterait d'établir en France la royauté ou tout autre pouvoir attentatoire à la souveraineté du peuple, sous quelque dénonciation que ce soit, sera puni de mort.

« A l'article 1er de la loi du 9 avril dernier dont il a été pareillement fait lecture et lequel est ainsi conçu :

« La Convention nationale met au nombre des tentatives contre-révolutionnaires la provocation au rétablissement de la royauté.

« A l'article de la même loi portant que tous les prévenus de provocation au rétablissement de la royauté ou d'émeutes contre-révolutionnaires seront punis des peines portées par la loi du 19 mars dans les formes prescrites dans la dite loi dont il a été aussi fait lecture.

« Et enfin à l'article 4 de la loi du 19 mars ainsi conçu et duquel il a été pareillement fait lecture.

« Ordonne qu'à la diligence de l'accusateur public le présent jugement sera mis à exécution, déclare les biens du dit Mathieu Lemaire confisqués et acquis à la République en conformité et sous des charges portées par l'art. 7 de la dite loi du 19 mars dernier dont il a été aussi fait lecture et lequel est ainsi conçu :

« La peine de mort prononcée dans les cas déterminés par la présente loi emportera la confiscation des biens.

« Et encore vu ce qu'il résulte des charges et informations et autres actes de la procédure, le tribunal a ordonné et ordonne que les nommés Antoine Masson, brigadier dans la compagnie de Guibal, au quatorzième régiment de chasseurs à cheval, âgé de vingt-cinq ans, natif de Fan, village près de Nancy département de la Meurthe, et le nommé Lacoste, gendarme national à la résidence de Saugues, département de la Haute-Loire, seront pris et saisis au corps, conduits sous bonne et sûre garde en la maison de justice du Tribunal pour leur procès leur être fait et parfait et ne pouvant être pris leurs biens seront saisis et annotés et mis sous la main de la loi et après les formalités de justice leur procès sera instruit et jugé par contumace.

« Ordonne que le présent jugement sera imprimé, lu, publié et affiché dans les différents cantons du département à la diligence de l'accusateur public et juges de paix, officiers de police, lesquels en certifieront le tribunal dans quinzaine.

« Fait à Mende les jour, mois et an que dessus, et par-devant les juges ci-dessus nommés ayant signé la minute du présent jugement avec le greffier.

« Signés : P. GUYOT,
Président.

RICARD, BENOIT, ESCALIER, BALDIT,
Juges.

RENOUARD,
Greffier. »

XIII (1)

« Ce jourd'hui, cinquième septembre mil sept cent quatre-vingt-treize, le second de la République une et indivisible, par devant les citoyens Pierre Guyot, président ;
Jean-Antoine Escalier, Laurent Ricard, et Jean-Pierre
Benoît, juges du tribunal criminel du département de la
Lozère, séant à la ville de Mende, dans la salle ordinaire
de ses séances, assisté de Pierre Renouard, greffier.

« Vu par le tribunal criminel du département de la
Lozère le procès-verbal d'arrestation de Claude Allier (2)
ci-devant prieur-curé de Chambonnas ; de Jean Vidal,
maire de la commune de Thoras, propriétaire-cultivateur,
du lieu de Montrezon, en ladite commune; de Joseph
Carre, originaire de St-Antoine, district de St-Marcel,
département de l'Isère, brigadier-déserteur des chasseurs
à cheval du quatorzième régiment, compagnie de Guibal ;
et d'Alexis Constant, fils à feu Jacques, cultivateur du
mas de Neiraguet, commune de Roquelaure, district de
St-Giniès, département de l'Aveyron ; ledit procès-verbal
en date du 18 août dernier, tenu par le citoyen Martin,
administrateur du Directoire du département, commissaire député, en cette partie et par les officiers, sous-officiers et gendarmes du Puy-de-Dôme, en station en cette
ville qu'il avait pris pour escorte, collationné par le
citoyen Guérin, secrétaire général de l'administration du
département, la requête présentée au tribunal par l'accusateur public, le lendemain 19 août, contre Claude Allier,
prêtre, dont la teneur suit :

« Aux juges du tribunal criminel du département de la
Lozère, séant à Mende.

« L'accusateur public remontre que Claude Allier,
prêtre, ci-devant prieur-curé de Chambonnas, départe-

---

(1) XV du 1er registre.

(2) Claude Allier fut arrêté le 18 août 1793, à Montrezon, commune de Thoras. Le Conseil d'administration de la Lozère
refusa de l'envoyer à Privas.

ment de l'Ardèche est un des grands coupables, de ces infâmes suppôts de la tyrannie, dont les trames criminelles ont eu pour but de remettre le peuple dans la servitude. C'est un de ces monstres que la nature en fureur a produits pour entretenir parmi les hommes l'horreur du crime et l'indignation contre les scélérats ennemis de l'humanité. Celui-ci qui a fait tant de mal et de ravage dans le département de la Lozère et de l'Ardèche, vient d'être amené dans la maison de justice à Mende. L'humanité qui a tant souffert des criminels et lâches attentats en demande vengeance, et cette ville qui a vu naître l'auteur de tant de forfaits doit être aussi le témoin de son supplice. Le cours de ses attentats se divise en trois époques principales : celle du camp de Jalez, vers la fin de l'été de l'année 1790, celle de l'invasion du château de Bannes avec le traître du Saillant, l'été de l'année dernière, et enfin celle de la révolte qui commença d'éclater dans le département vers la fin de mai dernier, et que le conspirateur Claude Allier tentait de reproduire du côté de Saugues, département de la Haute-Loire, aux frontières de celui de la Lozère, il avait déjà commencé à répandre des proclamations séditieuses au nom du prétendu roi et du prétendu régent de France, par lesquelles il était ordonné à tous les hommes depuis seize ans jusqu'à cinquante, de se rendre en armes à l'armée royale à peine de mort et de confiscation de leurs biens. Ce Claude Allier qui avait été le principal agent des complots de Jalez et de Bannes, c'est lui qui avait dressé les principaux articles de la conspiration, comme on le voit dans le recueil des diverses pièces qui en étaient énoncées, que l'administration du département de l'Ardèche fit imprimer en les réunissant ensemble après la défaite du parti de Saillant, qui fut lui-même mis à mort dans la ville des Vans, département de l'Ardèche, c'est pour cela que Claude Allier fut compris dans le décret d'accusation porté par le corps législatif contre les conjurés de Bannes. Enfin, dans la révolte qui se manifesta dans le département vers la fin du mois de mai dernier, on l'a vu conduire les bandes des attroupés à Mende, à Marvéjols, à Chanac, à Esclanèdes, et les y exciter au carnage et au pillage, on l'a vu se livrer aux extortions et

10

obliger les gens, le fusil sur la gorge, à lui livrer tout ce qu'ils avaient. C'est ainsi qu'à Chanac il obligea une fille à lui donner une somme de deux cent cinquante livres, et lui dit ensuite qu'elle s'était souillée en assistant à la messe des prêtres assermentés, mais que la remise de cette somme expiait ses crimes, depuis il a couru les montagnes dans le département, et s'est enfin rendu du côté de Saugues, dans celui de la Haute-Loire, pour y continuer ses attentats, il est temps qu'il les expie, il est temps que son supplice purge la société de ce monstre. L'accusateur public requiert en conséquence que Claude Allier subisse un interrogatoire sur les diverses circonstances des criminelles pratiques dont il s'est rendu coupable, et que d'après les preuves très nombreuses qui résultent contre lui des informations qui ont été faites il soit condamné à être mis à mort, et livré à cet effet à l'exécuteur de la justice criminelle, et qu'enfin tous ses biens soient déclarés acquis et confisqués au profit de la République, conformément à l'article 7 de la loi du 19 mars dernier, et faire justice.

« *L'accusateur public du département de la Lozère,*

« DALZAN, signé.

« L'ordonnnance mise à suite par le président, portant que les prévenus seront interrogés de suite pour être procédé au jugement définitif. L'interrogatoire subi par Claude Allier le 19 de ce mois d'août, autre de Jean Vidal, maire, du même jour, autre de Joseph Carre, du lendemain 20, autre d'Alexis Constant, du même jour. Lettre du 26 mai, datée de Rieutord de Randon, signée le comte de Reylla, adressée au maire et officiers municipaux de la Champ, commençant par ces mots : « De la part de Louis XVII », et finissant par ceux-ci : « Vous porterez toutes vos munitions, neuf proclamations en placard pour les communes de Cubèles, St-Symphorien, Croisances, Ventuéjols, Servières, la Beissière, Paulhac, Vazeille et Chanaleilles, signées, Dominigo Reylla, commandant, Senglas, commandant de l'expédition Direuqroup, commandant Reylos, adjudant général », portant en tête : « De la part du roi », finissant par ces mots : « Condamnés à mort, et leurs biens confisqués. » Instruction pour le commandant des Piquets, chargé de notifier aux communautés les ordres du roi, non signée, commençant par ces mots : « Le chef chargé », et finissant par ceux-ci : « Toutes les munitions, plomb et poudre que l'on aura. » ordonnance de prise de corps rendue contre lesdits Allier, Vidal, Carre et Constant. Extrait de leurs écrous en la maison de justice. Recueil des pièces probantes portant pour titre, Conspiration du Saillant, avec les pièces authentiques rédigées et imprimées par ordre du département de l'Ardèche, à Privas, chez Pierre Guilhet, 1792. Expéditions d'assignation à témoin du 24 août et autre du trente dernier, même mois, premier cahier d'informations contenant les dépositions de six témoins en date des 24 et 30 dudit mois d'août, autre cahier contenant les dépositions de quatre autres témoins en date des 24 et 27 du même mois, autre contenant la déposition de trois témoins en date des 29 et 30 du même mois. Le premier cahier des informations faites à Marvéjols pendant la session du tribunal en cette ville au mois de juillet dernier. Le second, le troisième, le quatrième et le cinquième cahiers des mêmes informations. Le cahier général des informations faites à Mende dans le courant du mois de juin dernier, requête présentée au tribunal par l'accusateur public dont la teneur suit :

« Aux juges du tribunal criminel du département de la Lozère, séant à Mende.

« L'accusateur public de ce département remontre que parmi ceux qui sont détenus dans la maison de justice pour crime de conspiration contre l'Etat ou des révoltes contre-révolutionnaires, il y a Joseph Carre, déserteur du quatorzième régiment des chasseurs à cheval où il était brigadier ; Jean Vidal, du lieu de Montrezon, maire de la commune de Thoras, canton de Saugues, chez qui le ci-devant curé de Chambonnas, Allier fut trouvé caché avec ledit Carre ; il y a encore Guillaume Bressoles, natif du lieu de Teyssonnière, commune de Recoux, district de

Meyrueis, il résulte évidemment des pièces qui forment les procédures concernant ces trois prévenus, que Jean Vidal et Joseph Carre sont des complices de Claude Allier, ci-devant curé de Chambonnas, pour l'avoir favorisé et aidé dans ses mauvais desseins et dans ses conspirations. Le premier l'ayant caché et recélé chez lui avec ledit Barre, l'ayant conduit à l'église paroissiale de Thoras, et ayant fortement provoqué le peuple à s'y rendre pour entendre la messe qu'il y dit, et les discours très séditieux qu'il prononça. Ensuite ayant été trouvé en même temps chez ledit Vidal, onze ou douze exemplaires de la proclamation séditieuse et contre-révolutionnaire faite au nom d'un prétendu roi Louis XVII, et d'un prétendu régent de France, ainsi que des cocardes blanches qui sont des signes de rébellion, et le second qui avait un chapeau où était la cocarde blanche, ayant été trouvé nanti de cette proclamation séditieuse, ce qui montre évidemment qu'il la colportait pour la répandre, et par conséquent fait voir en lui un instigateur de la révolte et un complice de Claude Allier. Le crime de complicité est d'autant plus grave de la part de l'un et de l'autre, que le premier était fonctionnaire public en qualité de maire de la commune de Thoras, et le second employé au service militaire de la nation qui le salariait pour la défendre. Il résulte évidemment des pièces de la procédure concernant Guillaume Bressolis, qu'il s'est toujours livré au brigandage et à des actions atroces, que c'est un homme très mal famé et très dangereux, qu'il s'est plusieurs fois échappé des prisons, entr'autres de celle du Vigan, département du Gard, où il était détenu comme prévenu d'avoir été de la conspiration et de la révolte contre-révolutionnaire du camp de Jalès, qu'il est familiarisé avec le meurtre, et qu'il a été instigateur et chef au sujet des révoltes contre-révolutionnaires qui ont eu lieu dans le département de la Lozère et dans le district de Séyérac-le-Château, département de l'Aveyron. L'accusateur public requiert en conséquence que Jean Vidal et Joseph Carre soient déclarés convaincus d'être complices de Claude Allier, ci-devant curé de Chambonnas, pour crime de conspiration contre l'Etat, que Guillaume Bressolier soit déclaré convaincu d'avoir été instigateur et chef à raison des révoltes contre-révolutionnaires, qu'il soit ordonné que tous les trois soient livrés à l'exécuteur des jugements criminels, et mis à mort dans les vingt-quatre heures, et que leurs biens soient déclarés acquis et confisqués au profit de la République, suivant les dispositions de l'article 7 de la loi du 19 mars dernier. Parmi les détenus pour crime de conspiration contre l'Etat, il y a de plus Alexis Constant, du district de St-Giniest, département de l'Aveyron, qui fut trouvé caché avec Claude Allier et Joseph Carre, chez Jean Vidal, à Montrezon. L'accusateur public requiert à son égard qu'il soit ordonné qu'il sera plus amplement informé et faire justice.

« *L'accusateur public du département de la Lozère,*

« Signé : DALZAN.

« L'art. 2 de la 2ᵉ section du titre premier du code pénal, l'art. unique de la loi du 4 décembre 1792, celui du 16 décembre, même année, l'art. 2 de la loi du 18 mars 1793, et le 1ᵉʳ de celle du 9 avril de la même année.

« Le tribunal jugeant en dernier ressort et sans recours à cassation, en la forme du jury militaire, considérant :

« 1º Que d'après l'art. 35 du titre 7 de la loi du 29 septembre 1792, tous les accusés du même crime doivent être jugés par un même jugement, que par conséquent Guillaume Bressolis ne peut être jugé conjointement avec Claude Allier, Jean Vidal, Joseph Carre et Alexis Constant, prévenus du même délit contre-révolutionnaire, qu'il doit au contraire être jugé par jugement séparé, comme étant prévenu d'un autre délit, a déclaré et déclare n'entendre prononcer par le présent jugement que sur le fait et le sort desdits Allier, Vidal, Carre et Constant, se réservant de statuer par un jugement séparé sur le sort dudit Bressolis.

« Déclare encore lesdits Claude Allier, ci-devant prieur curé de Chambonnas ; Jean Vidal, maire de la commune de Thoras ; Joseph Carre, brigadier au quatorzième régi-

ment de chasseurs à cheval, compagnie de Guibal, et
Alexis Constant, propriétaire cultivateur du canton de
St-Geniest, département de l'Aveyron, suspects et hors de
la loi, ordonne en conséquence qu'ils seront jugés en conformité à la loi du 26 avril dernier.

« 2° Considérant que lesdits prévenus se sont rendus
coupables de conspirations et de complots tendant à troubler l'Etat par une guerre civile.

« 3° Qu'ils ont tenté de rétablir le roi sur le trône.

« 4° Qu'ils ont tenté de rompre l'unité de la République et d'opérer la contre-révolution.

« 5° Que Claude Allier n'a pas obéi à la loi du 18 mars
dernier concernant la déportation des prêtres réfractaires.

« 6° Que Jean Vidal, maire, est expressément contre-
venu à cette même loi, en ne dénonçant pas ledit Allier,
auquel au contraire il a donné retraite.

« 7° Que lesdits Vidal et Carre sont d'autant plus coupables qu'ils étaient l'un et l'autre fonctionnaires publics,
conséquemment plus expressément tenus de l'exécution
desdites lois.

« 8° Que lesdits Vidal et Carre ont favorisé et aidé ledit
Allier dans ses complots de conspiration, qu'ils ont été
trouvés nantis de proclamations et d'une instruction tendant à soulever le peuple et à l'armer pour le rétablissement de la royauté.

« 9° Que les mêmes degrés de preuves n'existent pas
contre Alexis Constant, qu'il ne paraît pas moins suspect
pour avoir été arrêté dans la même maison avec lesdits
Allier, Vidal et Carre.

« Vu ce qu'il résulte des charges, informations, interrogatoires, procès-verbaux, placards, et autres actes de

la procédure ci-dessus énoncés, le tribunal a déclaré et déclare Claude Allier, ci-devant prieur-curé de Chambonnas, atteint et convaincu d'avoir formé des conspirations et complots tendant à troubler l'Etat par une guerre civile en armant les citoyens les uns contre les autres, et contre l'autorité légitime, d'avoir fait des prônes pour exciter les peuples au mépris des lois, de l'autorité législative et des corps constitués, d'avoir assisté et présidé à des assemblées séditieuses et à des rassemblements contre-révolutionnaires ; d'avoir été chef à Jalès, à Beaunes, à la Bastide, à Rieutort-d'Aubrac, à Rieutort-de-Randon, et d'avoir suscité de nouveaux rassemblements pour opérer la contre-révolution dans le canton de Saugues, district du Puy, département de la Haute-Loire, d'avoir tenté de rétablir en France la royauté et de rompre l'unité de la République, d'être resté dans le territoire de la République après les délais fixés par la loi du 18 mars dernier, d'avoir fait des proclamations et instructions relatives à ces complots, dit des messes, confessé et prêché dans l'étendue de la France clandestinement et publiquement, d'avoir sollicité des projets de désertion dans les troupes au service de la République, d'être l'un des principaux agents des princes français, des émigrés et des puissances coalisées contre la France, déclare pareillement Jean Vidal, maire de la commune de Thoras, atteint et convaincu de complicité avec ledit Allier, pour ses conspirations et complots contre l'Etat, d'avoir prêché ouvertement la révolte aux lois et le rétablissement de la royauté, d'avoir excité le peuple à la révolte au nom de Louis XVII et d'un prétendu régent de France, d'avoir sciemment et méchamment donné retraite et asile au dit Allier dans sa maison, d'avoir permis qu'on sonnât les cloches dans l'église de sa commune pour y faire célébrer une messe par ledit Allier, et faire entendre au peuple un prône séditieux, d'avoir proclamé lui-même que les lois étaient changées, que ceux qui ne se rendraient pas aux convocations faites par Allier seraient punis de mort et que leurs biens seraient confisqués, d'avoir fait pratiquer ou permis qu'on pratiqua dans sa maison une cachette pour ce contre-révolutionnaire et ses adhérents, d'avoir

rassemblé chez lui et dans sa maison, ou permis qu'on y
rassembla plusieurs déserteurs et autres contre-révolutionnaires avec lesquels il a été saisi et arrêté, d'avoir
souffert qu'on s'y réunit en armes, telles que fusils, pistolets, sabres et cartouches, poudre, plomb, et autres munitions de guerre.

« Déclare Joseph Carre, brigadier au quinzième régiment de chasseurs, compagnie de Guibal, pareillement
atteint et convaincu d'être complice dudit Allier pour
avoir déserté son poste, de s'être réuni à ce conspirateur
et à nombre d'autres correligionnaires, avoir soigneuse-
ment caché sa veste d'uniforme, de s'être revêtu de celle
de paysan, de s'être réuni aux conspirateurs avec son
sabre, avoir été trouvé avec la cocarde blanche et une
canne de rubans blancs dans un papier, avoir été nanti de
proclamations au nom du roi, et de l'instruction concernant les chefs qui doivent être envoyés auprès des communautés pour les exécuter, d'avoir été saisi dans un lieu
suspect où il y avait armes et cartouches, et dans lequel
il ne pouvait se trouver que par une suite de conspiration
et de complot contre l'État.

« Condamne en conséquence lesdits Claude Allier,
prieur-curé de Chambonnas, Jean Vidal, maire de la
commune de Thoras, et Joseph Carre, brigadier au quatorzième régiment des chasseurs à cheval, compagnie de
Guibal, à être livrés à l'exécuteur des jugements criminels, et mis à mort dans les vingt-quatre heures, en conformité de l'art. 2 de la loi, 2e section du titre 1er du code
pénal dont il a été fait lecture.

« Déclare que les biens desdits Allier, Vidal et Carre
sont acquis au profit de la République, en exécution de
l'art. 2 du titre 2 de la loi du 10 mars dernier, dont il a
été fait lecture, et qui est ainsi conçu :

« Les biens de ceux qui seront condamnés à mort
seront acquis au profit de la République, et il sera pourvu
à la subsistance des veuves et enfants s'ils n'ont pas des
biens d'ailleurs,

« Ordonne qu'un exemplaire des proclamations mises
en placards et écrites à la main, portant de par le roi et
de Mgr le régent de France, signé Dominigo Reylla, commandant, Senglas, commandant de l'expédition Direuqroup, commandant Reylos, adjudant général, lesquelles
signatures par anagramme ne signifient rien autre chose,
savoir : Reylla, Allier ; Senglas, Salgnes ; Direuqroup, de
Pourquery ; Reylos, Solier ; ledit extrait paraphé par les
citoyens Martin, administrateur, et Guyot, président, ainsi
que d'une copie de l'instruction pour les chefs Depiquet,
commandant, pour le roi, sans signature, commençant par
ces mots : « Le chef chargé », et finissant par ceux-ci :
« Poudre et plomb qu'on aura », seront par l'exécuteur des
jugements criminels, lacérés et brûlés au pied de l'échafaud.

« Et vu qu'Alexis Constant, se disant cultivateur-pro-
priétaire du lieu de Neyraguet, commune de Roquelaure,
district de St-Giniest, département de l'Aveyron, est
véhémentement soupçonné d'être l'un des complices dudit
Allier, pour avoir été saisi et arrêté dans la même maison
avec ses complices, et que les charges produites contre
lui jusqu'à ce moment n'ont pas paru suffisantes, Le tribunal a ordonné et ordonne qu'il tiendra prison close, et
qu'il sera plus amplement informé contre lui, charge en
conséquence l'accusateur public de prendre les renseignements nécessaires, tant dans la commune de Thoras
que dans la commune de Roquelaure, dans le canton et le
district que le prévenu dit habiter.

« Ordonne encore que le présent jugement sera mis à
exécution sur la place d'Augiran, à la diligence de l'accusateur public, qu'il sera imprimé, lu et affiché, publié
dans tous les cantons du département, et qu'un extrait en
sera envoyé au comité du Salut public, de la Convention
nationale, au ministre de la justice, et aux accusateurs
publics des six départements environnant celui de la
Lozère.

« Fait et publiquement prononcé à Mende, en l'audience

où étaient présents les citoyens P. Guyot, président, Escalier, Ricard et Benoît, juges, Renouard, greffier, qui ont
signé la minute du présent jugement.

« Signés : P. Guyot,
Président.

Escalier, Ricard et Benoit,
Juges.

Renouard,
Greffier. »

XIV (1)

« Du vingt-cinq ventôse l'an second de la République
une et indivisible, et dans la chambre du conseil du tribunal criminel du département de la Lozère, par devant
les citoyens Pierre Guyot, président, Gilbert Martin et
Sylvestre Toquebœuf, juges, et François Barbot, juge emprunté au tribunal de ce district en présence de l'accusateur public, assistés de Renouard greffier.

« Vu par le tribunal criminel du département de la Lozère, le procès-verbal de dénonce contenant interrogatoire
devant le juge de paix de Châteauneuf, de Pierre St-Léger, du lieu de la Bastide, commune d'Estables, en date
du 20 frimaire dernier, le mandat d'arrêt décerné contre
lui le 22 du même mois, son procès-verbal de conduite
et de remise en la maison de Justice le même jour. L'interrogatoire par lui subi devant l'un des juges le lendemain 23, le premier cahier d'informations contenant les
dépositions de deux témoins en date du 1er nivôse, un
second cahier contenant les dépositions de cinq témoins

---

(1) XXVII du 1er registre.

en date du 11 pluviôse. La pétition présentée par Jean
Borie le 1er de ce mois. La requête contenant conclusion
de l'accusateur public, remise le jour d'hier, et enfin le
décret du 7 frimaire dernier relatif à la poursuite des délits d'escroquerie et d'abus de crédulité.

« Le Tribunal considérant que Pierre St-Léger s'est fait
passer pour prêtre au lieu de Villesoule, uniquement
dans la vue d'escroquer à Jean Borie et à d'autres citoyens faibles une partie de leur fortune.

« Que par ce moyen et en menaçant la femme du dit
Borie que le diable la posséderait et tourmenterait les
bestiaux, le dit St-Léger parvint à lui escroquer une somme de cent-vingt livres et une obligation de la somme
de cent-quarante livres, ce qui annonce un délit d'escroquerie et d'abus de crédulité, en exécution de la loi du
7 frimaire dernier, article 1er, dont il a été fait lecture et
lequel est ainsi conçu :

« Ceux qui par vol ou à l'aide de faux noms pris ver-
balement et sous signature ou de fausses entreprises, ou
d'un crédit imaginaire ou d'espérances ou de craintes
chimériques auraient abusé de la crédulité de quelque
personne et escroqué la totalité ou partie de leur fortune
seront à l'avenir poursuivis en première instance devant
les tribunaux de police correctionnelle, sauf l'appel devant les tribunaux du district.

« A renvoyé et renvoie le dit Pierre St-Léger, de la
Bastide, commune d'Estables, canton de Rieutort, district
de Mende, ainsi que l'entière procédure par devant le
tribunal de police correctionnelle du canton d'Allenc,
les délits dont est prévenu le dit St-Léger ayant été commis principalement au village de Villesoule, à l'effet d'y
être jugé à la loi du 22 juillet 1791, renvoie pareillement
la pétition du dit Borie par devant le tribunal de police
correctionnelle pour être statué sur icelle en conformité
à la dite loi.

« Fait et publiquement prononcé à Mende les dits jours mois et an que dessus, présents les juges sus nommés qui ont signé à la minute du présent jugement.

« Signés P. GUYOT,
Président.

TOQUEBŒUF, MARTIN, BARBOT,
Juges.

RENOUARD,
Greffier. »

XV (1)

Du vendredi septième jour de la troisième décade du premier mois de la deuxième année de l'ère républicaine.

Par devant nous Pierre Guyot, président du tribunal criminel du département de la Lozère, Dominique Teissonnière, Sylvestre Toquebœuf et Jean-Pierre Benoit, juges de service du présent trimestre, dans la chambre du conseil en présence de l'accusateur public assisté de Pierre Renouard, greffier.

« Vu par le tribunal criminel du département de la Lozère, la requête à lui présentée par l'accusateur public dont la teneur suit :

« Aux juges du tribunal criminel du département de la Lozère, séant à Mende.

« L'accusateur public remontre qu'Antoine Charrier, (2) prêtre, ci-devant curé de Malbouzon, canton de Nasbinals,

(1) XVIII du 1er registre.

(2) Charrier, prieur de Malbouson, était le frère du conspirateur Charrier. Il fut arrêté dans les montagnes d'Aubrac avec un de ses compagnons nommé Gibelin et non Gibely.

Pierre Gibelin, du lieu du Pin, commune de Prinsuéjols, canton de St-Sauveur-de-Peyre, et Jean Jourdan, du lieu d'Alteyrac, commune de Chastel-Nouvel, canton du lieu de Rieutort-de-Randon, inculpés de conspiration contre l'Etat et de révolte contre-révolutionnaire, ont été conduits en dernier lieu en la maison de justice et que depuis chacun d'eux a subis un interrogatoire, conformément à l'art. 4 de la loi du 19 mars dernier. Il résulte des informations faites à la requête de l'accusateur public que tous les trois ont été de l'attroupemement armé qui arbora l'étendard de la révolte contre l'Etat dans le département de la Lozère et qui s'y livra au pillage et à tous les excès, ayant pour commandant général le frère du dit Antoine Charrier, qu'ils se sont rendus traîtres à la patrie, qu'ils ont été instigateurs des attroupements et chefs de bande des attroupés au sujet de la révolte contre-révolutionnaire et qu'ils sont coupables d'attentat contre la sûreté générale de l'Etat. L'accusateur public requiert en conséquence de les déclarer hors de la loi et de les juger conformément à ce qui est porté par les articles 4 et 5 de celle du 19 mars dernier, de les déclarer convaincus d'avoir été instigateurs des attroupements et chefs de bande au sujet de la révolte contre-révolutionnaire, d'ordonner en conséquence qu'ils soient livrés à l'exécuteur des jugements criminels et mis à mort dans les vingt-quatre heures et de déclarer leurs biens acquis et confisqués au profit de la République conformément à l'art. 7 de la loi citée. A Mende le sixième jour de la troisième décade du premier mois de l'an 2 de l'ère française.

« *L'accusateur public de la Lozère,*
« Signé : Dalzan.

« L'interrogatoire subi devant nous par Antoine Charrier, prêtre, ci-devant curé de Malbouzon, le lundi troisième jour de cette même décade, autre interrogatoire subi le même jour par le dit Pierre Gibelin, autre interrogatoire subi par le dit Jean Jourdan fils, le cinquième jour de cette même décade. Le cahier des informations faites à Mende les 19, 20 et 22 juin dernier, contenant les dépositions de soixante et onze témoins, autre faite à Marvéjols dans le courant de juillet dernier en six cahiers cotés et numérotés, un autre cahier d'informations de ce jourd'hui contestant les dépositions de trois témoins, les articles 1, 4 et 6 de la loi du 19 mars ; l'art. unique de la loi du 10 mai et l'art. 2 de celle du 18 mars dernier.

« Ouï de nouveau l'accusateur public en ses conclusions verbales qui a persisté dans ses conclusions écrites.

« Le tribunal jugeant en dernier ressort et sans recours à cassation en la forme du jury militaire, et en exécution de la loi du 19 mars et autres subséquentes, a déclaré et déclare les dits Antoine Charrier, Pierre Gibelin et Jean Jourdan, suspects et hors de la loi.

« Et vu ce qu'il résulte des dits interrogatoires et informations a déclaré et déclare le dit Antoine Charrier, prêtre, ci-devant prieur de Malbouzon, atteint et convaincu d'avoir été chef et instigateur des troubles survenus dans le département de la Lozère les 25, 26 mai et jours suivants, conformément aux dépositions du 4e témoin du 1er cahier des informations faites à Marvéjols, des 8e et 15e témoins du 2e cahier, du 4e témoin du 3e cahier, du 1er et 5e témoins du 5e cahier, et du 19e témoin du 6e cahier ; d'avoir contrevenus à la loi relative aux émigrés et prêtres déportés, d'avoir été arrêté sur le territoire de la république ; déclare pareillement le dit Pierre Gibelin fils aîné, atteint et convaincu d'avoir été chef et instigateur dans l'armée des révoltés, commandée par l'infâme Charrier, d'avoir porté les proclamations de cet infâme scélérat au nom de Louis XVII et de son oncle régent du royaume, dans les communes de Prinsuéjols, St-Sauveur et autres, d'avoir fait sonner le tocsin pour exciter les peuples à la révolte, d'après les dépositions des 3e, 4e, 6e, 15e, 29e témoins du premier cahier des informations faites à Marvéjols, 8e témoin du second cahier, 17e, 18e, 19e, 20e témoins du troisième cahier, 5e et 14e témoins du quatrième cahier et 8e témoin du sixième cahier, condamne en conséquence les dits Antoine Charrier et Pierre Gibelin à être livrés à l'exécuteur des jugements criminels et mis à mort dans les vingt-quatre heures, conformément à l'art. 2 de la loi du 18 mars dernier, aux articles 4 et 6 de la loi du 19 mars et à l'article unique de celle du 10 mai dont il a été fait lecture.

« Ordonne qu'à la diligence de l'accusateur public le présent jugement sera mis à exécution sur la place d'Au- giran de cette ville.

« Déclare les biens des dits Charrier et Gibelin, con- fisqués et acquis à la République, en conformité et sous les charges portées par l'art. 7 de la loi du 19 mars dont il a été aussi fait lecture.

« Et encore, vu ce qu'il résulte des informations faites à Mende et notamment des dépositions des 23e, 33e et 55e témoins, que Jean Jourdan fils aîné, d'Altayrac, commune de Chastel-Nouvel, arrêta à la tête de plusieurs hommes le citoyen Beaujean au lieu des Boues-Basses, qu'il em- porta un mouton de l'auberge de Jean-Pierre Persegol, hôte de cette ville, qu'il était un des plus acharnés des rebelles, ayant depuis subi une première procédure devant le tribunal à raison de son opposition à l'exécution de la loi du 24 février dernier, qu'il a été saisi avec un faux pas- seport, armé d'un fusil à deux coups au lieu du Monistrol d'Allier, ce qui fait présumer qu'il allait joindre les rebelles de Montbrison ou de Lyon, qu'il est violemment soup- çonné d'avoir été un des chefs des rebelles et qu'il importe qu'il ne souille plus pendant un temps le territoire de la République à raison de son incivisme, que parce que sa résidence pourrait être un lieu de trouble, le tribunal en exécution de la loi du 7 juin dernier a condamné et con- damne à la déportation, le dit Jean Jourdan, à la peine de déportation hors du sol de la République pendant dix ans. La loi du 7 juin porte :

« La Convention nationale, sur la motion d'un membre décrète qu'elle rend communs à tous les tribunaux crimi- nels de la République, les dispositions de l'article 3 du titre 2 de la loi du 10 mars dernier, relative à l'établisse- ment d'un tribunal criminel extraordinaire, conçu en ces termes.

« Ceux qui étant convaincus de crimes ou délits qui n'auraient pas été prévus par le code pénal et les lois postérieures, ou dont la punition ne serait pas déterminée par les lois, et dont l'incivisme et la résidence sur le territoire de la République auraient été un sujet de trouble et d'agitation seront condamnés à la peine de déportation.

« La convention nationale décrète en outre que les juges des tribunaux criminels en appliquant cette peine aux cas prévus par l'article cité, pourront la prononcer temporaire ou à vie suivant les circonstances et la nature des délits.

« Ordonne que le présent jugement sera imprimé, envoyé, lu, publié et affiché dans tous les cantons de son ressort, à la diligence de l'accusateur public et des juges de paix, officiers de police qui seront tenus d'en certifier dans quinzaine.

« Fait et publiquement prononcé en l'audience, les susdits jour, décade, mois et an que dessus : présents : Pierre Guyot, président, Dominique Teissonnière, Sylvestre Toquebœuf, et Jean-Pierre Benoit, juges, lesquels ont signé la minute du présent jugement.

« Signés :

PIERRE GUYOT,
Président.

TEISSONNIÈRE,
Juge.

TOQUEBŒUF,
Juge.

BENOIT,
Juge.

RENOUARD,
Greffier.

XVI (1)

« Du quatorzième jour du mois de l'an deuxième de l'ère républicaine, et dans la salle des audiences, par devant les citoyens Pierre Guyot, président du Tribunal criminel du département de la Lozère, Dominique Teissonnière, Sylvestre Toquebeuf, et Jean-Pierre Benoit, juges de service le présent trimestre, en présence de l'accusateur public, assistés de Pierre Renouard, greffier.

« Vu par le Tribunal criminel du département de la Lozère, la requête et conclusions de l'accusateur public, neuvième de ce mois, dont la teneur suit :

« L'accusateur public du département de la Lozère, vu les procédures relatives à Jean-Louis Meissonnier, juge de paix du canton de St-Sauveur-de-Peyre, district de Marvéjols, et Alexis Constant du lieu de Neiraguet, commune de Roquelaure, district de St-Geniest, département de l'Aveyron, conclu à ce que d'après la loi du 30 août qui porte que les juges de paix et autres membres des autorités constituées qui auront été des attroupements et des révoltes contre-révolutionnaires seront considérés comme chefs et punis comme tels ; le dit Meissonnier, juge de paix du canton de St-Sauveur-de-Peyre soit déclaré hors de la loi, convaincu d'avoir été de l'attroupement de la révolte contre-révolutionnaire qu'il y eut dans ce département à la fin de mai dernier ; que le dit Alexis Constant soit également déclaré hors de la loi, convaincu de complicité avec Claude Allier, ci-devant curé de Chambonnas, qui fut condamné à mort et exécuté à Mende, comme ayant été trouvé caché dans la même maison avec Claude Allier et s'étant trouvé dans l'endroit où il était caché des signes de rébellion tels que cocardes blanches ainsi que proclamations séditieuses et contre-révolutionnaires, que le dit Constant et les autres qui furent pris dans la même maison, colportaient pour les répandre ; que les dits Meysonnier et Constant, soient condamnés à être livrés à l'exé-

---

(1) XIX du 1er registre.

11

cuteur des jugements criminels et mis à mort dans les
vingt-quatre heures et que leurs biens soient déclarés
acquis et confisqués au profit de la République, conformément à l'art. 7 de la loi du 19 mars dernier. Subsidiairement en cas de difficultés à l'égard d'Alexis Constant,
l'accusateur public conclut à ce qu'il soit condamné à la
peine de la déportation pendant dix années, sur le fonde-
ment des marques qu'il a donné d'incivisme et d'opposition à la révolution. Et encore subsidiairement en cas de
difficultés à l'égard du dit Meissonnier, l'accusateur public
requiert que le tribunal le juge en police correctionnelle
à raison de sa mauvaise conduite en qualité d'officier de
police de sûreté et de la négligence très grave dont il s'est
rendu coupable dans l'exercice de ses fonctions n'ayant
poursuivi aucune des dénonciations qui lui ont été faites
et transmises et ayant manqué de remplir les devoirs de
sa charge, ce qui ne laisse pas douter qu'il est suspect et
qu'il ne doit pas rester en place. En conséquence par ces
considérations il soit déclaré déchu de la place de juge de
paix et officier de police et qu'il soit définitivement inter-
dit d'en faire les fonctions à peine de faux, et qu'en outre,
il soit condamné à une amende de quatre cents livres au
profit de la République; donné à Mende le neuvième jour
du second mois de la deuxième année de la République
française.

« *L'accusateur public de la Lozère, signé :*
« DALZAN.

« L'ordonnance de prise de corps rendue par le Tribunal contre Jean-Louis Meissonnier le 25 juillet dernier, le
procès-verbal de la remise de sa personne en la maison
de justice du département. L'interrogatoire subi par ce
dernier le 4 octobre dernier, deux certificats à lui accordés
par les citoyens Châteauneuf, Randon et Malhes, représentants du peuple, les 1er et 8 juillet dernier. Les cahiers
d'informations faits en ville de Marvéjols au dit mois de
juillet sur lesquels l'ordonnance de prise de corps fut
rendue, cédules et assignations à témoins des 22, 23 et 24
octobre dernier, autres trois cahiers d'informations, le
premier en date du troisième jour de la première décade

de ce mois, contenant les dépositions de sept témoins, le second du même jour contenant les dépositions de quatre témoins, enfin le troisième du neuvième jour de la troisième décade du premier mois de cette même année, contenant les dépositions de deux témoins, jugement qui déclare le dit Meissonnier suspect et hors de la loi.

« Vu encore l'ordonnance du tribunal du cinq septembre dernier portant qu'il sera plus amplement informé contre Alexis Constant, propriétaire du lieu du Veiraguet, commune de Roquelaure, canton de Gabriac, district de St-Geniez, département de l'Aveyron, détenu dans la maison de justice depuis le 18 août dernier. L'interrogatoire subi par le dit Constant, le 20 du même mois d'août. Le certificat de probité et de civisme à lui accordé par la municipalité et le juge de paix de Roquelaure, le 6 septembre du même, légalisé par Ascelat, juge de tour, le 13 du même mois, et par le procureur syndic du directoire du district du St-Geniez, le 24 du même mois. L'accusateur public n'ayant produit aucune preuve contre le dit Constant.

« Ouï de nouveau l'accusateur public qui a persisté dans ses conclusions prises dans la précédente requête.

« Le tribunal jugeant en dernier ressort et sans secours à cassation en exécution, de la loi du 19 mars dernier et autres subséquentes; vu ce qu'il résulte des différents interrogatoires et cahiers d'informations.

« Considérant que Jean-Louis Meissonnier, juge de paix du canton de St-Sauveur a été entraîné par force, dans la troupe des rebelles commandée par l'infâme Charrier le 26 mai dernier, qu'il s'est échappé de cette bande de brigands lorsqu'il l'a pu le 28 du même mois, que néanmoins il a tenu dans certaines occasions une conduite équivoque et certains propos inciviques.

« Considérant qu'il peut avoir tenu ces propos et cette conduite pour parvenir à des découvertes utiles; qu'il a donné des avis aux corps administratifs et aux autres autorités constituées qui ont reçu l'approbation des représentants du peuple, que d'ailleurs la détention qu'il a essuyée doit lui tenir lieu de peine et le corriger à l'avenir.

« A déclaré et déclare le dit Jean-Louis Meyssonnier, juge de paix du canton de St-Sauveur, acquitté de l'accusation en lui enjoignant d'être plus prudent, plus circonspect et plus conséquent à l'avenir dans ses démarches.

« Et en ce qui touche Alexis Constant, vu qu'il n'existe aucune preuve de complot révolutionnaire contre lui, que s'il a été arrêté dans un lieu suspect et avec des personnes suspectes il a expié suffisamment la peine de cette suspicion par une détention de près de trois mois.

« Le tribunal a déclaré et déclare pareillement le dit Alexis Constant, propriétaire du lieu de Neiraguet, commune de Roquelaure, canton de Gabriac, district de St-Geniezt, département de l'Aveyron, acquitté de l'accusation, lui fit inhibition et défense de vaguer désormais loin de son domicile, sans des raisons et motifs légitimes et sans passeport, lui enjoint pareillement d'être plus prudent à l'avenir et de ne plus se réunir avec des personnes suspectes. Le tout à peine contre les dits Meissonnier et Constant d'être poursuivis comme suspects et repris de justice.

« Ordonne néanmoins que pour le premier jugement et délit que le tribunal a jugé excusables, les dits Meissonnier et Constant, seront mis définitivement en liberté et que le présent jugement sera imprimé, envoyé, lu, publié et affiché dans tous les cantons de son ressort, à la diligence de l'accusateur public et des juges de paix, officiers de police ou de leurs assesseurs qui en certifieront le tribunal dans quinzaine.

« Fait et publiquement prononcé en l'audience, en présence des susdits juges qui ont signé la minute du présent jugement ainsi que le greffier.

« Signés : P. GUYOT,
Président.

TEISSONNIÈRE, TOQUEBŒUF, BENOIT,
Juges.

RENOUARD,
Greffier. »

XVII (1)

« Du vingt-sixième brumaire de l'an second de la République française, par devant les citoyens président et juge du tribunal criminel du département de la Lozère, et dans la salle des audiences, en présence de l'accusateur public, assisté de Pierre Renouard, greffier.

« Vu par le tribunal criminel du département de la Lozère, la requête et conclusions de l'accusateur public, de ce jour, dont la teneur suit :

« Aux juges du Tribunal criminel du département de la Lozère séant à Mende.

« L'accusateur public de ce département remontre que Marc-Antoine Boussuges père, du Mas de Bouchet, de Prinsuéjols, canton de Saint-Sauveur-de-Peyre, ayant été dénoncé à l'administration du district de Marvéjols comme récélant des gens suspects, des prêtres réfractaires, cette administration y envoya des commissaires avec un détachement de la force armée pour faire des perquisitions et arrêter les gens suspects ainsi que les prêtres réfractaires qui pourraient être découverts, une petite partie de la force armée s'étant présentée à la maison du dit Boussuges, en vit sortir par derrière deux hommes armés chacun d'un fusil à deux coups qui s'échappaient en fuyant, deux gendarmes, qui en ce moment ce trouvaient sans armes ayant voulu les poursuivre pour les arrêter, les deux hommes se retournèrent et les couchèrent en joue avec leurs fusils à deux coups, en leur disant que s'ils avançaient ils étaient foutus, en sorte que les deux gendarmes furent obligés de les laisser aller, les commissaires s'étant rendus ensuite dans la maison du dit Boussuges, et y ayant fait perquisition y trouvèrent des choses très suspectes et des libelles contre-révolutionnaires, ce qui doit faire regarder le dit Boussuges comme un homme très suspect, il s'évada ensuite de la maison d'arrêt de Marvé-

(1) XX du 1er registre.

jols où il avait été renfermé, depuis un commissaire de l'administration du département l'a fait arrêter par la force armée qui faisait des perquisitions dans le canton de Saint-Sauveur-de-Peyre, ainsi qu'Elisabeth Pagès, veuve Conort, du lieu de Marijoulet, même commune de Prinsuéjols, dénoncée comme recélant des prêtres réfractaires et leur fournissant des vivres. L'accusateur public requiert de condamner le dit Boussuges par forme de correction à un emprisonnement de 2 ans et n'empêche que la dite veuve Conort soit mise en liberté, en lui enjoignant de se conduire conformément aux lois et de s'abstenir de tout ce qui peut y contrevenir et ferez justice. A Mende ce 26 brumaire l'an second de la République.

« *L'Accusateur public du département de la Lozère,*

« DALZAN, signé.

« L'interrogatoire subi par le dit Boussuges et la veuve Conort devant nous, le quinze du présent mois brumaire, cahier d'informations contenant les dépositions de six témoins en date des 22 et 23 du dit mois, autre interrogatoire subi par le dit Boussuges devant les citoyens Cévènes, Lafont, Caix et Gazagne fils, commissaires, le 26 avril dernier, celui prêté par Vincent et Isaac Boussuges, enfants du dit Marc-Antoine, devant les mêmes commissaires les sus dits jour et généralement toutes les pièces de la procédure qu'il fallait voir.

« Le Tribunal considérant qu'il n'existe aucunes preuves des délits imputés aux dits Boussuges et veuve Conort a déclaré et déclare les dits Boussuges et Elisabeth Pagès acquittés de l'accusation, a ordonné et ordonne qu'ils seront à l'instant mis en liberté, à quoi faire le gardien de la justice serait contraint par toutes voies et par corps, et qu'à cet effet leurs écrous seront biffés et rayés du livre de géole en marge duquel il sera fait mention du présent jugement par l'un des huissiers.

« Fait et publiquement prononcé à Mende, en l'audience du Tribunal où étaient présents Pierre Guyot, président, Dominique Teissonnière, Sylvestre Toquebœuf et Jean-Pierre Benoit, juges, qui ont signé la minute du présent jugement ainsi que le greffier.

« Signés : P. GUYOT,
Président.

TEISSONNIÈRE, TOQUEBŒUF, BENOIT,
Juges.

RENOUARD.
Greffier. »

XVIII (1)

« Ce jourd'hui second ventose l'an deuxième de la République une et indivisible et dans la salle du conseil du Tribunal criminel du département de la Lozère par-devant les citoyens Pierre Guyot, président; Gilbert Martin, Joseph Paul, juges de service, et Jean-François Barbot, juge emprunté du tribunal de ce district en l'absence du citoyen Toquebœuf, juge de service, en présence de l'accusateur public, assisté de Renouard, greffier.

« Vu par le Tribunal criminel du département de la Lozère, la requête donnée par l'accusateur public le 29 pluviose dont la teneur suit:

« L'accusateur public du département remontre que Laurent Froment, dit la Brèche, du lieu et commune de Montrodat, canton de Marvéjols, Pierre Fontanier père, dit Arpajon, ou Comte, du lieu et canton de Nasbinals, district de Marvéjols, et Dominique Dupont, aubergiste du lieu des Vignes, commune de Saint-Projet-du-Tarn, canton de Saint-George-de-Levéjac, district de Meyrueix, étant actuellement détenus dans la maison de justice, les deux

(1) XXVᵉ du 1er registre.

premiers ayant déjà subi chacun un interrogatoire, il requiert que le troisième en subisse un également, il a été fait des informations à leur égard, sur les causes de l'accusation pour laquelle ils ont été saisis. La voix publique se faisait entendre depuis longtemps contre Laurent Froment dit la Brèche, et contre le fils aîné de Renouard, notaire public de la commune de Mende, avecqui Laurent Froment se trouvait lors de son arrestation au lieu de Montrodat. Ces deux chefs de brigands avaient inspiré la terreur dans certaines parties isolées des districts de Mende et de Marvéjols et ils étaient désignés comme ayant été à la tête de plusieurs de leurs complices, avec lesquels ils firent des invasions nocturnes, commirent des violences, des brigandages, des excès dans certaines maisons comme celle de Pradeilles à Balsièges, celle de Chabanon dans la commune de Lachamps, celle de Cheminades et celles de trois autres citoyens à Prades-du-Tarn, Bonnet, curé Evesque Molines et Roqueplan. Le fils aîné de Renouard, notaire public de la commune de Mende, a été tué par le détachement de la force armée qui a fait la capture de Laurent Froment, avec qui il se trouvait à Montrodat comme cela est constaté par le procès-verbal qui en a été dressé par ceux qui s'y trouvaient, et au nombre desquels étaient le maire de la commune, le juge de paix du canton forain de Marvéjols et Gacheinde, gendarme revenu de l'armée du Rhin, qui en avait procuré la capture.

« Pierre Fontanier, dit Arpajon, ou Comte et Dominique Dupont étaient représentés comme ayant été chefs et instigateurs dans les attroupements de révolte contre-révolutionnaires et les informations en contiennent la preuve; il résulte de celles concernant Dominique Dupont et Pierre Fontanier que celui-ci était un des commandants, un des chefs de la bande dans l'attroupement contre-révolutionnaire de l'infâme Charrier, que Dominique Dupont rassembla des jeunes gens dans la commune de Saint-Préjet-du-Tarn, et en forma une bande, à laquelle il força les habitants de donner leurs armes et à la tête de laquelle il marcha pour la conduire à l'attroupement de révolte contre-révolutionnaire qu'il y avait à La Panouse du côté de Sévérac, département de l'Aveyron, s'il ne joignit pas cet attroupement, ses intentions n'en étaient pas moins coupables, puisqu'à son retour avec sa bande, au lieu des Vignes, il força les habitants à donner des comestibles et du vin à sa troupe qu'il mit chez eux à discrétion.

« L'accusateur public requiert de déclarer Laurent Froment dit la Brèche, Pierre Fontanier père dit Arpajon ou Comte, et Dominique Dupont hors de la loi, conformément aux dispositions de celle du 19 mars dernier, de déclarer qu'ils ont été chefs et instigateurs dans les attroupements et révolte contre-révolutionnaire, d'ordonner qu'ils seront mis à mort et fusillés à cet effet dans les vingt-quatre heures et de déclarer leurs biens acquis et confisqués au profit de la République, conformément à ce qui est porté par la loi du 19 mars dernier et ferez justice. L'accusateur public observe qu'il a reçu des lettres de quelques autorités constituées de Marvéjols, telles que l'administration du district et le comité de surveillance qui demandent que l'exécution de Laurent Froment soit faite dans leur commune parceque il est d'un village qui en est tout près et que leur district en ayant été le premier souillé par la révolte contre-révolutionnaire, l'intérêt public exige que l'exécution d'un tel scélérat soit faite dans ce chef-lieu, pour y donner un exemple salutaire, n'y en ayant point eu encore. L'accusateur joint ici ces lettres, afin que le tribunal examine s'il peut délibérer sur le but qu'elles présentent. A Mende le 29 pluviose de l'an 2 de la République, une et indivisible.

« L'Accusateur public de la Lozère,
« DALZAN, signé.

« Les procès-verbaux de remise des dits Laurent Fromental dit la Brèche, Pierre Fontanier et Dominique Dupont en la maison de justice. L'interrogatoire subi par Fontanier, le 2 pluviose, celui subi par Laurent Fromental, le 24 du même mois, et celui de Dominique Dupont, du jour d'hier, plusieurs procès-verbaux tenus devant le

citoyen Marie-Elie Chevalier, administrateur, les 2, 3, et 24
brumaire, procès-verbal tenus par Jean-François Crueize,
juge de paix du canton de Saint-Amans, aussi le 2° de brumaire, autres procès-verbaux d'arrestations de Dominique
Dupont, du 16 pluviose et de Laurent Fromental, en date
du 2 du même mois, les cahiers d'informations faites en la
ville de Marvéjols dans le courant de juillet dernier, autres
cahiers d'informations des 7°, 21°, 25° et 28° pluviose dernier, les articles 1, 4 et 6 de la loi du 19 mars, l'article
unique de celle du 10 mai. La loi du 7 juin aussi dernier.

« Ouï de nouveau l'Accusateur public qui a persisté dans
ses premières conclusions.

« Le Tribunal jugeant en dernier ressort et sans recours
à cassation en la forme du jury militaire, en exécution de
la dite loi du 19 mars et autres subséquentes, a déclaré et
déclare Laurent Fromental dit la Brèche, du lieu et commune de Montrodat, canton et district de Marvéjols,
Dominique Dupont, aubergiste du lieu des Vignes, commune de Saint-Frejet-du-Tarn, canton de Saint-Georges-
de-Lévéjac, district de Meyrueis, et Pierre Fontanier père
dit Arpajon ou Comte, du lieu et canton de Nasbinals district de Marvéjols, suspects et hors de la loi.

« Et vu ce qu'il résulte des dites déclarations, interrogatoires et informations a déclaré et déclare qu'il est
constant que Laurent Fromental dit la Brèche, a été chef
et instigateur dans l'armée des rebelles commandée par
l'infâme Charrier; qu'il est constant qu'il a donné un coup
de couteau et tiré un coup de fusil sur Gaillard, juge de
paix de Montrodat dont celui-ci fut grièvement blessé,
qu'il est encore constant que depuis cette époque, il s'est
livré à divers pillages et brigandages, qu'il a également
tiré un coup de fusil sur le citoyen Chabanon, des Vernets
et sur son chien, qu'il est encore constant qu'il a voulu
incendier et a porté le feu dans la grange du citoyen Sudre,
à Limouse, qu'il a été la terreur de sa contrée et qu'il a
menacé perpétuellement ses concitoyens d'incendier leur
maison et de leur tirer des coups de fusil pour raison de
quoi. Le tribunal a condamné et condamne le dit Fromen-

tal dit la Brèche à être livré à l'exécuteur des jugements criminels et mis à mort dans les vingt-quatre heures et qu'à défaut d'exécuteur, il sera fusillé dans le même temps conformément à l'arrêté du représentant du peuple Châteauneuf-Randon, le tout en conformité des articles 4 et 6 de la dite loi du 19 mars dont il a été fait lecture.

« Déclare qu'il est constant que Dominique Dupont, des Vignes, avait formé le projet de se réunir aux rebelles du camp de la Panouse, près de Sévérac-le-Château, département de l'Aveyron, que pour cet effet il s'était réuni à trente de ses concitoyens, s'était mis à leur tête, et les avait conduits jusqu'au village de Massegros, qu'il est constant qu'il a désarmé deux citoyens qui n'avaient pas voulu le suivre, auxquels néanmoins il rendit leurs armes peu de jours après, qu'il est constant qu'il distribua sa troupe dans plusieurs maisons pour manger et boire à discrétion, mais comme on ne peut le regarder comme chef, ne ne s'étant pas réuni aux rebelles, et que néanmoins il est constant qu'il a forcé la municipalité de Saint-Préjet-du-Tarn à lui remettre la liste de la garde nationale et qu'il l'a déchirée, que conséquemment son incivisme et sa résidence sur le territoire de la république devient nécessairement un sujet de trouble et d'agitation, comme ils l'ont été par le passé, le Tribunal a condamné et condamne le dit Domminique Dupont à la déportation sur les côtes d'Afrique pendant la vie, conformément à la loi du 7 juin dernier de laquelle il a été fait lecture.

« Ordonne qu'à la diligence de l'accusateur public le présent jugement sera mis à exécution.

« Déclare les biens du dit Fromental confisqués et acquis à la République, en conformité de l'article 7 de la loi du 19 mars dont il a été fait lecture, et on prélèvera en outre sur le produit des dits biens le montant des indemnités dues à ceux qui auront souffert de l'effet des révoltes. Et sur les lettres du comité de surveillance de la commune de Marvéjols et la demande du directoire du même district tendant à ce que Laurent Fromental soit exécuté dans cette commune de Marvéjols, sur laquelle est située la commune de Montrodat, pour servir d'exemple et de terreur aux méchants qui seraient tentés de l'imiter et sur laquelle demande, l'accusateur public n'a pris aucunes conclusions, le Tribunal a déclaré et déclare n'y avoir lieu de délibérer et n'entendre empêcher que l'accusateur public chargé de l'exécution des jugements, n'accède à cette demande, s'il la croit utile et nécessaire en prenant toutes les précautions que sa prudence pourra suggérer pour la translation de ce condamné.

« Et en ce qui touche Pierre Fontanier, dit Arpajon ou Comte, vu qu'il existe une équivoque dans la déposition du citoyen Augustin-Jacques Boyer fils, premier témoin du 1er cahier des informations faites à Marvéjols. Laquelle équivoque il est essentiel que le témoin dissipe et lève lui-même avant de statuer définitivement sur le sort du dit Fontanier. Le Tribunal a ordonné et ordonne qu'à la diligence et poursuite de l'accusateur public qui en demeure expressément chargé, le citoyen Augustin-Jacques Boyer fils à Aldebert, négociant, de la commune de Marvéjols, sera de nouveau assigné pour reconnaître le détenu dans la maison de justice et déclare ensuite si c'est le même dont il a entendu parler dans sa déposition.

« Le Tribunal ordonne en outre que le présent jugement sera imprimé, envoyé, lu et affiché dans tous les cantons de son ressort à la diligence de l'accusateur public et des juges de paix et des officiers de police, qui seront tenus d'en certifier dans quinzaine.

« Fait et publiquement prononcé à Mende les susdits jour, mois et an que dessus, présent les juges sus-nommés qui ont signé la minute du présent jugement.

« Signés : Pierre Guyor,
Président.

Martin, Barbot, Paul,
Juges.

Renouard,
Greffier. »

XIX (1)

« Ce jourd'hui septième ventôse, l'an second de la République, une et indivisible, et dans la salle du conseil du tribunal criminel du département de la Lozère, séant à Mende, par devant les citoyens Pierre Guyot, président, Gilbert Martin, Joseph Paul et Sylvestre Toquebœuf, juges, en présence de l'accusateur public, assistés de Renouard, greffier.

« Vu par le tribunal criminel du département de la Lozère, la requête en plainte donnée par l'accusateur public le 29 pluviose dernier dont la teneur suit :

« L'accusateur public de ce département remontre que Pierre Fontanier père, dit Arpajon ou Comte, du lieu et canton de Nasbinals, district de Marvéjols, détenu en la maison de justice, a subi un interrogatoire, qu'il a été procédé contre lui à des informations desquelles il résulte qu'il était un des commandants, un des chefs de bandes dans l'attroupement contre-révolutionnaire de l'infâme Charrier, il requiert en conséquence que le dit Fontanier soit mis hors de la loi, qu'il soit déclaré convaincu d'avoir été chef de révolte contre-révolutionnaire, qu'il soit mis à mort et fusillé dans les vingt-quatre heures, que ses biens soient acquis et confisqués au profit de la République et que ce qui regarde Jean Carteirade, travailleur de terre du lieu de Nougarède, commune et canton de Chanac, district de Mende, vu qu'il ne conste point qu'il ait été ni chef, ni instigateur, il n'empêche qu'il soit déchargé et mis en liberté. Requiert encore que vu ce qu'il résulte des charges il soit décerné ordonnance de prise de corps contre Fontanier, dit Arpajon, fils du dit sieur Pierre, et ferez justice.

« *L'accusateur public,*

« DALZAN, signé.

---

(1) XXVI du 1er registre.

« L'interrogatoire subi par Pierre Fontanier, le 2 pluviôse, celui subi par Jean Carteirade le 23 du même mois, les cahiers d'informations faites à Marvéjols dans le courant du mois de juillet et à Mende les 7 et 21 pluviôse et 5e ventôse contre le dit Pierre Fontanier père, les cahiers d'informations faites en cette commune de Mende, dans le courant du mois de juin dernier, les deux jugements du tribunal portant qu'il sera plus amplement informé contre le dit Arpajon père, le premier du 17 pluviôse et l'autre du 2e de ce mois, les lois du 19 mars, 10 mai et 7 juin dernier.

« Ouï de nouveau l'accusateur public qui a persisté dans ses premières conclusions.

« Le tribunal jugeant en dernier ressort et sans recours à cassation en exécution de la loi du 19 mars et autres subséquentes, a déclaré et déclare le dit Fontanier suspect et hors de la loi, et vu ce qu'il résulte des informations déclare qu'il est constant que Pierre Fontanier père dit Arpajon ou Comte, de Nasbinals, a toujours tenu une conduite très incivique, qu'il s'est réuni aux rebelles commandés par l'infâme Charrier, qu'il a arboré la cocarde blanche et pris les armes, qu'il est violemment soupçonné d'avoir été un des chefs des rebelles, qu'il a montré un acharnement impitoyable contre les patriotes, qu'il a déshabillé Besson, l'un d'eux qui avait été tué, et s'est revêti de ses dépouilles, qu'il a été le confident et l'ami du prétendu général de l'armée chrétienne du Midi et comme son incivisme et sa résidence sur le territoire de la République seraient un sujet de trouble et d'agitation le tribunal a condamné et condamne le dit Pierre Fontanier père, dit Arpajon, ou Comte, journalier de la commune et canton de Nasbinals, district de Marvéjols, à la déportation sur les côtes de l'ouest de l'Afrique, pendant la vie, conformément à la loi du 7 juin dernier dont il a été fait lecture.

« Ordonne qu'à la diligence de l'accusateur public, le présent jugement sera mis à exécution.

« Et en ce qui touche Jean Carteirade, de la Nougarède, commune de Chanac, district de Mende, vu qu'il n'existe aucune preuve qu'il ait été ni chef ni instigateur des troubles ni des révoltes, qu'il s'est simplement réuni aux rebelles parce qu'il y a été contraint par une force majeure, qu'il n'était porteur d'aucune arme, ni n'est convaincu d'aucun pillage, le tribunal a déclaré et déclare le dit Jean Carteirade acquitté de l'accusation et ordonne qu'il soit mis sur le champ en liberté, conformément à l'article unique de la loi du 10 mai dont lecture a été faite.

« Et encore faisant droit aux conclusions de l'accusateur public, vu qu'il résulte des informations que Fontanier, dit Arpajon ou Comte fils à Pierre condamné, était un des chefs de l'armée des rebelles, le tribunal a ordonné et ordonne que le dit Arpajon fils sera pris et saisi au corps conduit sous bonne garde dans la maison de justice du tribunal pour son procès lui être fait et parfait jusques à jugement définitif.

« Ordonne que le présent jugement sera imprimé, envoyé, lu, publié et affiché dans tous les cantons de son ressort à la diligence de l'accusateur public et des juges de paix, officiers de police, qui seront tenus d'en justifier dans quinzaine.

« Fait et publiquement prononcé les susdits jour, mois et an que dessus : présent les juges sus nommés qui ont signé à la minute du présent jugement.

« Signés :

P. GUYOT,
Président.

TOQUEBOEUF,
Juge.

MARTIN,
Juge.

PAUL,
Juge.

RENOUARD,
Greffier. »

Second registre des jugements

RENDUS A RAISON DE L'INSURRECTION DE CHARRIER,
ET CONTRE LES PRÊTRES RÉFRACTAIRES,
COMMENCÉ LE 24 MESSIDOR AN SECOND, ET FINI LE 20 FLORÉAL
DE L'AN TROIS.

XX (1)

« Du vingt-quatre Messidor, l'an second de la République française, une et indivisible.

« Vu par le Tribunal criminel du département de la Lozère le procès-verbal tenu par le Comité de Surveillance de la commune de la Canourgue, au sujet de l'arrestation de Claudine Forestier, femme Gazanhe, du Villaret, commune de St-Saturnin, en date du vingt-cinq prairial dernier ; autre procès-verbal tenu le même jour par la Garde Nationale de la commune du dit St-Saturnin au sujet de l'arrestation de Jean Forestier, prêtre refractaire, originaire de Cadoulle, commune de la Canourgue. L'extrait d'écrou des dits Jean et Claudine Forestier, du vingt-huit du dit mois, l'interrogatoire subi par le dit Jean Forestier devant le Tribunal les dits jours vingt-huit ; autre subi par Claudine Forestier le même jour ; autre subi par la même le 12 messidor présent mois, le cahier d'informations faites devant le Tribunal le premier du présent mois, vu aussi les lois des 29 et 30 vendémiaire et 22 germinal dernier.

« Ouï l'accusateur public en des conclusions verbales sur l'application de la loy.

« Considérant que Claudine Forestier n'est pas convaincue d'avoir recélé Jean Forestier, son frère, prêtre refrac-

---

(1) XLII du deuxième registre.

taire, mais qu'elle est violemment soupçonnée de lui avoir fourni des secours et même donné azille ce qui la rend très suspecte.

« Le Tribunal a condamné et condamne la dite Claudine Forestier, femme Gazannhe, du Villaret, commune de St-Saturnin, à la réclusion jusqu'à la paix par mesure de de sûreté générale. Conformément à l'article 10 de la loy du 17 septembre 1793 dont il a été fait lecture.

« Fait et prononcé à l'audience publique du Tribunal où siégeaient : Léon Velay président, Cayla, Jourdan, Rastoul, juges ; qui ont signé à la minute du présent jugement.

« Jourdan, Cayla, Rastoul, Léon Velay,
Renouard. »

—————

XXI (1)

« Du vingt-huit brumaire l'an trois de la République française une et indivisible, heure de quatre après-midi.

« Se sont présentés devant le tribunal les citoyens Girard et Barbut, officiers de santé, médecins de cette commune, qui ont dit qu'en exécution du jugement du tribunal du onze du courant, relatif à Etienne Pascal, ex-curé de la Malène, et en conséquence du serment par eux prêté le dix-huit du même mois par devant le tribunal, ils ont procédé pendant huitaine à l'examen de la personne dudit Pascal, à l'effet de pouvoir juger sainement du véritable état de ses facultés intellectuelles, qu'ils ont dressé procès-verbal de chacune des séances de leurs visites auprès dudit Pascal, et donné à suite leur avis sur ses facultés intellectuelles qu'ils remettent sur le bureau pour servir ce que de doit, ils requièrent décharge de leur mission.

(1) L. du 2ᵉ registre

« Daudé Lacoste, fils, pour l'accusateur public absent, entendu dans ses réquisitions verballes.

« Le tribunal a donné acte aux citoyens Girard et Barbut de la remise par eux faite de leur rapport sur la situation des facultés intellectuelles d'Étienne Pascal, les a déchargés de leur mission, et ordonné qu'il sera pourvu à leur honnoraire par les voies de droit, et que le rapport par eux remis demeurera annexé au procès dudit Pascal.

« Dit et prononcé à Mende, en audience publique du tribunal où siégeaient les citoyens Léon Velay, président, Bon, juge de service, Toquebœuf et Dibon, juges empruntés du tribunal civil de ce district, en l'absence des citoyens Cruvellier, malade, et Paul, absent, et ont les juges délibérants signé :

« Léon VELAY, Bon, TOQUEBŒUF, DIBON,
RENOUARD. »

XXII (1)

« Du 9 frimaire, l'an trois de la République Française, une et indivisible.

« Vu par le tribunal, le procès-verbal d'arrestation de l'individu Étienne Pascal, prêtre réfractaire, ex-curé de la Malène, dans le district de Meyrueix, tenu par les commissaires nommés par l'administration du même district, en date du cinq brumaire dernier contenant l'observation que le dit Pascal prêtre paroit être tombé dans l'enfance, ce qui est aisé de reconnoître dans sa déclaration et à sa signature.

« Le procès-verbal tenu par le tribunal le onze du même mois à l'effet de reconnoître l'identité du prévenu et les

---

(1) LI du 2e registre.

repons données par ce dernier aux interrogats a lui fait a cette époque le jugement rendu ce même jour par le tribunal qui d'après les considérations y ramenées, ajourne le jugement du dit Pascal a une décade et ordonne que pendant ce delay, il sera transféré dans une des chambres de la maison de réclusion des prêtres réfractaires, où il sera gardé seul et visitté pendant huitaine par deux officiers de santé du canton de Mende a l'effet de reconnoitre et constater le véritable état des facultés intellectuelles du dit Pascal. Le jugement du district du même mois qui donne acte aux citoyens Girard et Barbut officiers de santé de la prestation de serment par eux foit et ordonne qu'ils seront introduits dans la Chambre du dit Pascal afin de remplir le mandat qui leur est confié. Le jugement de l'infâme Charrier, qui eut lieu les 26, 27, 28, 29 et 30 may 1793 ( ) dans ce département et arrêtté dans la nuit du 10 au 11 de ce mois à Pampoujet, canton de Germain du Teil, dans la maison du citoyen Combettes, dans laquelle il s'était porté de nuit avec un autre brigand, armés d'armes à feu pour y commettre des brigandages et assassinats. Le dit Jurquet a déclaré n'être âgé en ce moment que de quinze ans et demi, d'ou il résulteroit qu'en se repportant à l'époque de l'attroupement de l'infâme Charrier, il n'avoit pas alors quatorze ans accomplis et cependant la peine de mort dans l'ignorance de cet âge auroit été prononcée contre lui par le jugement précitté.

« L'accusateur public vu la déclaration d'âge donnée par le dit Jurquet, a requis qu'avant de passer outre il soit procédé par un commissaire du tribunal avec le greffier ou par lui-même, si le tribunal le juge ainsi au compultoire de l'acte de naissance du dit Jurquet, dans les registres de la commune de Montjezieu.

« Le tribunal après avoir discutté la requisition de l'accusateur public, les appréciations recueillies par le président, considérant que l'allégation de Jurquet paroit n'être qu'une évation dilatoire puisqu'il a le visage assez bien garni de barbe.

« Considérant qu'il importe de prévenir toute suposi-
tion, altération ou soustraction, ordonne que par les authorittés consticutes à ce compétentes, en présence et à la
requisition de l'accusateur public qui à cet effet se rendra
incessament à la commune de Montjézieu ou partout
ailleurs ou pourront se trouver les registres contenant
l'acte de naissance de Jean-Baptiste Jurquet, il sera procédé au compultoire du dit acte de naissance pour sur le
vu d'y celui être ensuite statué ainsi qu'il appartiendra.

« Délibéré à Mende en audience publique du tribunal
ou siégeaient les citoyens Léon Velay, président, Bon,
Paul et Cruvelier, juges, qui ont signé à la minute du
présent.

LÉON VELAY.   BON.   PAUL.

    CRUVELLIER.   RENOUARD.

XXIII (1)

« Du dix-huit brumaire l'an trois de la République
française une et indivisible.

« L'accusateur public près le tribunal a dit qu'en exécution du jugement du onze de ce mois qui porte que par
deux officiers de santé de cette commune il sera procédé
pendant huitaine à l'examen et vérification des facultés
intellectuelles d'Etienne Pascal, prêtre réfractaire, ex-curé
de la Malène, à l'effet de constater s'il est réellement dans
l'état d'imbécilité ou s'il joue la démence, il a fait citer à
ce jour par devant le tribunal les citoyens Girard et Barbut, officiers de santé, médecins de cette commune, pour
prêter serment de remplir en leur âme et conscience la
mission qui est leur est mandée, et attendu qu'ils sont ici

---

(1) XLIX du 2ᵉ registre.

présents, et requiert que le tribunal prenne leur serment et qu'il leur soit remis une expédition du jugement qui renferme leur mandat.

« Les citoyens Girard et Barbut ont offert de prêter le serment requis, et de procéder ensuite conformément aux dispositifs du jugement qui leur sera remis.

« Le tribunal faisant droit à la réquisition de l'accusateur public et aux offres des citoyens Girard et Barbut, a fait prêter à ces derniers le serment dont la formule leur a été prononcée par le président en ces termes : « Vous jurés de remplir en votre âme et conscience le mandat qui vous est confié, en conséquence, d'examiner avec l'attention la plus scrupuleuse l'état des facultés intellectuelles d'Etienne Pascal, détenu dans la maison d'arrêt de cette commune, conformément aux dispositions du jugement du tribunal, dont il va vous être fait remise. Lesquels ont répondu individuellement en levant la main : *Je le jure.*

« Le tribunal a donné acte à l'accusateur public et aux officiers de santé de la prestation de serment, et fait faire à ces derniers la remise de l'expédition du jugement du tribunal rendu le onze du présent mois à l'encontre dudit Pascal, qui contient le mandat desdits officiers de santé, et ordonne qu'ils procéderont de suite sans autre sommation au fait de leur commission, auquel effet et sur la présentation d'un extrait du présent, le concierge de la maison d'arrêt leur en ouvrira les portes et les introduira dans la chambre dudit Pascal pendant tout le temps qu'ils seront employés à son examen.

« Dit et prononcé à Mende, en présence des citoyens Léon Velay, président, Bon, Paul et Cruvellier, juges, signés avec l'accusateur public et les officiers de santé :

Léon VELAY.   PAUL, *Juge.*

BON, CRUVELLIER, RENOUARD. »

XXIV (1)

« Du dit jour onze brumaire, l'an trois de la République française une et indivisible.

« Vu par le tribunal criminel du département de la Lozère le procès-verbal tenu par les commissaires nommés par l'administration du district de Meyrueix au sujet de l'arrestation d'Etienne Pascal, ex-curé de la Malcine, en date du 5 brumaire dernier, le procès-verbal de la remise de sa personne en la maison de justice du département le neuf du présent mois, et l'intérogatoire prêté par le dit Etienne Pascal devant le tribunal ce jourd'hui.

« Ouï l'accusateur public en ses conclusions verbales tendantes à ce que vu l'état de démence et d'imbécilité où paraissait être le dit Etienne Pascal, il fut sursis au jugement définitif jusqu'à ce que le tribunal ait pris de renseignements à ce sujet.

« Le tribunal considérant qu'il résulte de la manière dont le dit Pascal a répondu qu'il ne soit pas de son bon sens et paraît avoir l'esprit alliéné.

« Que le procès-verbal de son arrestation renferme les mêmes observations.

« Considérant que l'intention seule fait le crime et qu'un individu dans l'état ou paraît être le dit Pascal ne saurait avoir des intentions décidées.

« Considérant qu'un individu dans l'état du dit Pascal ne peut être sujet à aucune peine

« Considérant encore que le dit Pascal pourrait jouer l'homme en démence pour se soustraire aux peines de la loy et qu'il est de l'intérêt de la justice de parvenir à découvrir le véritable état du dit Pascal.

« Ordonne qu'il sera sursis à son jugement pendant une décade, que pendant ce délai il sera transféré dans

(1) XLVIII du deuxième registre.

une chambre de la maison d'arrêt de cette commune où il sera gardé seul et visité pendant huitaine par les officiers de santé du canton de Mende, préalablement sermentés devant le tribunal, lesquels dresseront un rapport du véritable état où se trouve l'esprit du dit Pascal pour être remis au tribunal au bout de la décade.

« Ordonne que le présent jugement sera mis a exécution à la dilligence de l'accusateur public.

« Dit et prononcé à Mende en audience publique du Tribunal ou siègeoient Leon Velay, président, Barthelémi, Bon, Joseph Paul et Jean-François Cruvellier, juges, qui ont signé à la minute du présent jugement.

LEON VELAY,   PAUL, *juge*,   BON,

            CRUVELLIER,   RENOUARD. (1)

FIN

(1) Qu'il nous soit permis, en terminant ce travail, de remercier M. André, le distingué archiviste du département de la Lozère, et son gendre, M. Martin, des quelques renseignements biographiques qu'ils nous ont fournis.

TABLE DES MATIÈRES

ALAIS. — TYP. J. MARTIN